Tierstudien 07/2015

Zoo

Tierstudien

07/2015

# Zoo

Herausgegeben von Jessica Ullrich

Neofelis Verlag

**Tierstudien**
07/2015: Zoo
Hrsg. v. Jessica Ullrich



**Bibliografische Information der Deutschen Nationalbibliothek**
Die Deutsche Nationalbibliothek verzeichnet diese Publikation in der Deutschen Nationalbibliografie; detaillierte bibliografische Daten sind im Internet über http://dnb.d-nb.de abrufbar.


3. Auflage, 2023

Umschlaggestaltung: Marija Skara
Druck: PRESSEL Digitaler Produktionsdruck, Remshalden
Gedruckt auf FSC-zertifiziertem Papier.
ISSN: 2193-8504
ISBN (Print): 978-3-95808-000-3
ISBN (PDF): 978-3-943414-96-7

Erscheinungsweise: zweimal jährlich
Jahresabonnement 25 €, Einzelheft 16 €
Erhältlich in Ihrer Buchhandlung oder direkt beim Neofelis Verlag unter:
vertrieb@neofelis-verlag.de

Ein Abonnement verlängert sich automatisch um ein Jahr, wenn die Kündigung nicht mindestens drei Monate vor Ende des Kalenderjahrs erfolgt ist.

# Inhalt

**Zoo als Bühne**



**Künstlerische Position**

# Editorial

In den letzten Jahren ist die Literatur zum Zoo unüberschaubar geworden. Viele aktuelle kritische Studien wie die von Randy Malamud[1], der Sammelband von Ralph Acampora[2] und die neueste Ausgabe der Zeitschrift *TIERethik*[3] zum Schwerpunkt Zoo, aber auch die etwas älteren Publikationen zum Thema von Eric Baratay und Elisabeth Hardouin-Fugier[4] oder Nigel Rothfels[5] werden breit rezipiert und diskutiert. Auch in den populären Massenmedien sind Bilder und Nachrichten aus dem Zoo beliebt. Der Zoo wird dabei oft als (Über-) Lebensraum, als „Arche“ oder Forschungsinstitution dargestellt, aber genauso häufig auch als Gefängnis, als Ort des globalisierten Edutainments oder als reines Wirtschaftsunternehmen. Diese Ausgabe von *Tierstudien* widmet sich angesichts des großen öffentlichen Interesses an der ethischen Legitimation von Tierhaltung in Gefangenschaft dem Phänomen Zoo aus den unterschiedlichsten Perspektiven.

Zum Auftakt stellen Judith Benz-Schwarzburg und Madelaine Leitsberger sowie Clemens Wustmans aktuelle Zookonzeptionen und deren ethische Implikationen vor.
Judith Benz-Schwarzburg und Madelaine Leitsberger analysieren, inwieweit sich das Selbstverständnis bzw. die Selbstdarstellung des Zoos als Artenschutz- und Bildungseinrichtung mit ethischem Anspruch in der Realität des Zoos, wie sie sich den BesucherInnen darstellt, wiederfinden lässt. Sie weisen die in der amerikanischen Zookritik herausgearbeiteten „Disneyisierungskriterien“ – etwa Themingstrategien, Merchandising oder die Vermischung verschiedener Konsumangebote aus dem Bereich des Vergnügungsparks – auch in europäischen Zoos nach. Als Untersuchungsgegenstände dienen

1 Vgl. Randy Malamud: *An Introduction to Animals and Visual Culture.* Basingstoke / Hampshire: Palgrave Macmillan 2012.

2 Vgl. Ralph Acampora (Hrsg.): *Metamorphoses of the Zoo. Animal Encounter after Noah.* Lanham: Lexington 2010.

3 Vgl. *TIERethik. Zeitschrift zur Mensch-Tier-Beziehung* 9 (2014): Zoo, hrsg. v. Petra Mayr.

4 Vgl. Eric Baratay / Elisabeth Hardouin-Fugier: *Zoo. Von der Menagerie zum Tierpark.* Berlin: Wagenbach 2000.

5 Vgl. Nigel T. Rothfels: *Savages and Beasts. The Birth of the Modern Zoo.* Baltimore / London: Johns Hopkins UP 2002.

ihnen hierbei zwei sehr unterschiedliche Einrichtungen: der österreichische Tiergarten Schönbrunn und der deutsche Schwaben Park Gmeinweiler-Kaisersbach. Die Autorinnen reflektieren dabei auch die tierethische Relevanz der konstatierten Vermarktungsprozesse, welche Zootiere einer objektivierenden Kommodifizierung unterwerfen und die kommunizierten Werte des Zoos häufig gefährden.
Clemens Wustmans vergleicht unter tierethischen Gesichtspunkten die Mensch-Wildtier-Beobachtung im Zoo mit der in „freier Wildbahn" im Rahmen des Ökotourismus am Beispiel der Berggorillas in Ruanda. In einer Gegenüberstellung des gegenwärtigen Selbstverständnisses moderner Zoos und der Idealform des aktuellen Ökotourismus arbeitet er im Sinne einer Güterabwägung Vor- und Nachteile beider Institutionen für den Schutz von Tierindividuen sowie Tierarten bzw. Biodiversität heraus. Auch wenn der Ökotourismus auf den ersten Blick die vertretbarere Tierbeobachtung zu sein scheint, wiegen seine Nachteile doch schwer: Zur Beeinträchtigung der individuellen Tiere kommt die wenig nachhaltige Anreise zu abgelegenen Orten und die Exklusivität des Erlebnisses, das deutlich weniger BesucherInnen erreicht und damit für Artenschutzbelange sensibilisiert als der Zoo. Nach Abwägung aller Faktoren wird klar, dass man je nach der Perspektive, die man in der tierethischen Debatte einnimmt, beide Formen sowohl gänzlich ablehnen als auch als „kleineres Übel" akzeptieren kann.

Um Zoos in unterschiedlichen politischen Systemen geht es in den folgenden drei historisch ausgerichteten Beiträgen von Jan-Erik Steinkrüger, Colin Goldner sowie Mieke Roscher und Anna-Katharina Wöbse.
Jan-Erik Steinkrüger stellt in seinem Beitrag die Völkerschauen Carl Hagenbecks im späten 19. und frühen 20. Jahrhundert vor, um die Implikationen der Begriffe ‚Menschenzoo' und ‚Völkerschau' zu diskutieren und deren Nachleben in heutigen Zoos aufzuspüren. Während bereits im 17. Jahrhundert außereuropäische Menschen als Spektakel auf Volksfesten ausgestellt wurden, legitimierte sich die Zurschaustellung des Fremden im Stile Carl Hagenbecks als akademische Beobachtungsform außereuropäischer Kulturen. Der Zoo war auch deshalb ein bevorzugter Veranstaltungsort, weil er mit wissenschaftlicher Anerkennung verbunden war. Die

als „anthropologisch-zoologische Ausstellungen“ titulierten Völkerschauen behaupteten seriöse Gelehrtheit und waren doch vor allem Wirtschaftsunternehmen, die eine wichtige Rolle bei der Verbreitung von Stereotypen über die ethnisch „Anderen“ spielten. Steinkrüger sieht eine Traditionslinie, die von den Völkerschauen über Dokumentarfilme, Afrikamärkte und -shows hin zu immersiven Habitats führt. So findet die vermeintlich ‚authentische‘ Repräsentation fremder Kulturen bis heute einen Ort im modernen Zoo.

Colin Goldner beschäftigt sich mit den deutschen Tiergärten zwischen 1933 und 1945 und dem Verhältnis des Nationalsozialismus zum Zoo. Er arbeitet heraus, welch hohen Stellenwert der sogenannte „Tierhag“ für die nationalsozialistische Ideologie hatte und rekapituliert, wie die neuen Machthaber ab 1933 Zoogründungen, -neubauten und -instandsetzungen förderten. Programme wie die Rückzüchtung des Auerochsen oder die primäre Ausstellung „deutscher“ Tierarten dienten der Propaganda und sollten sowohl Rassenkunde als auch Vererbungslehre anschaulich darstellen und popularisieren sowie die ‚vaterländische Gesinnung‘ stärken. Eine Aufarbeitung der nationalsozialistischen Verstrickungen der Zoos steht laut Goldner jedoch noch aus: das Thema werde bis heute verdrängt, verharmlost oder vertuscht.

Mieke Roscher und Anna-Katharina Wöbse beleuchten dann die Zeit nach dem 2. Weltkrieg. Sie unterziehen die beiden Berliner Zoos einem Systemvergleich und identifizieren sie als Orte politischer Symbolik während des sogenannten Kalten Krieges. Dabei zeigen sie, wie die Zoos jeweils die ideologischen Visionen in Ost und West spiegelten und als politische Konstruktionen miteinander konkurrierten. Nach den Kriegszerstörungen musste der traditionsreiche West-Zoo den Wiederaufbau stemmen, sein NS-Erbe verarbeiten und sich international rehabilitieren. Der devisenarme Ost-Tierpark hingegen musste überhaupt erst gegründet werden, um sich dann sowohl als Ort des Volkes zu behaupten wie auch seine neue Souveränität international unter Beweis zu stellen. Die Autorinnen arbeiten heraus, wie sich die unterschiedlichen politischen Systeme, aber auch die divergierenden wirtschaftlichen und räumlichen Voraussetzungen auf die Zucht, den Ankauf und die Lebensrealität der Zootiere auswirkten. Sie plädieren aber auch dafür, in der Historisierung die Agency individueller Tiere nicht zu vernachlässigen, die jenseits aller Diskursivierung und

Symbolisierung in einer erweiterten Geschichtsschreibung zu berücksichtigen sei.

Im nächsten Block analysieren Julia Siegmundt und Priska Gisler in ihren beiden Fallstudien den Zoo sowohl als realen Lebensraum als auch als Heterotop.

Julia Siegmundt weist den heterotopischen Charakter des Zoos am Beispiel der *Masoala-Regenwaldhalle* im Zürcher Zoo und des Regenwaldhauses in Wien nach. Dafür rekapituliert sie die Geschichte und die technischen, naturwissenschaftlichen und wirtschaftlichen Voraussetzungen tropischer Regenwaldhallen in Europa sowie die Veränderung des Zoogedankens in der zweiten Hälfte des 20. Jahrhunderts, als Naturschutz als eine der Hauptaufgaben der Institution formuliert wurde. Sie zeigt, wie durch umfangreiche Planung und aufwendigste Maßnahmen immersive Ideal-Habitate konstruiert werden, die einerseits die perfekte Illusion eines natürlichen Ökosystems schaffen, andererseits komplett artifiziell und anthropomorph sind. Auch wenn sich diese Anlagen als Simulationen vorhandener Ökosysteme verstehen, besitzen sie gleichzeitig eine utopische Logik, in der eigene, nicht immer kalkulierbare Regeln herrschen.

Priska Gisler reflektiert räumliche Narrative und Illusionsräume am Beispiel des Pantanals im Zürcher Zoo. Sie macht sich dort auf die letztlich erfolglose Suche nach den beiden Hyazintharas Bonita und Blue, um die räumliche Koproduktion von Mensch-Tier-Beziehungen auf Grundlage einer ethnographischen Studie nachzuvollziehen. Dabei wird u. a. deutlich, wie die Imagination von Freiheit in der Anlage, die einen natürlichen Lebensraum nur simuliert, durch Kontrollmechanismen wie etwa dem Stutzen der Flügel aufrechterhalten werden muss. Die lebenden Vögel bekommt Gisler in dem Freilaufgehege zwar nie zu Gesicht, wird aber durch verschiedene immersive Inszenierungsstrategien über den globalen illegalen Tierhandel mit gefährdeten Arten informiert. Es wird deutlich, mit welchen Anstrengungen und auf welche Weise Begegnungen zwischen BesucherInnen und Zootieren gestaltet werden und welche kompensatorischen Funktionen die jeweilige Rollenzuweisung an beide AkteurInnen in einer Heterotopie wie dem Zoo zukommen.

Der literarischen Auseinandersetzung mit dem Thema Zoo nehmen sich Dagmar Burkhart und Frederike Middelhoff in den nächsten beiden Aufsätzen an.
Dagmar Burkhart beschäftigt sich ebenfalls mit dem Zoo als Heterotopie und als Ort anthropologischer Selbstreflexion. Dazu unternimmt sie einen Parforceritt durch die russische Literaturgeschichte des späten 19. bis frühen 21. Jahrhunderts und zeigt an Reiseberichten, Novellen, Gedichten und Romanen, wie unterschiedlich der Zoo jeweils repräsentiert wird. Unverhohlener Speziesismus findet sich in den Texten ebenso wie tierethische Überlegungen; der Zoo wird mal als Garten Eden, mal als Straflager dargestellt und kommentiert dabei meist die herrschenden politischen Verhältnisse. Besonders bietet er sich naturgemäß zur Verhandlung der Konzepte von Freiheit oder Unfreiheit an. Burkhart stellt klar, dass es in den Texten selten um die Situation der Zootiere selbst geht, sondern dass diese vor allem als Projektionsfläche politischer Ideologien eingesetzt werden.
Frederike Middelhoff widmet sich der Darstellung des Zoos in den beliebten Kinderbüchern über den fiktiven Affen George in Margret und H. A. Reys *The Complete Adventures of Curious George*. Sie weist nach, dass sich die Schilderungen in den sieben Abenteuern des Affen an verschiedenen historischen und zeitgenössischen Quellen orientieren, vor allem an Carl Hagenbecks Erinnerungen an den realen Affen Moritz. Trotz der dem Genre geschuldeten starken Anthropomorphisierung lassen sich in den Büchern vor allem anhand einer vergleichenden Analyse der Widersprüche von Bild und Text durchaus realistische Repräsentationen der Verhältnisse im Tierpark ausmachen, die in der Konsequenz eine klare Kritik an der Institution Zoo formulieren.

Zum Abschluss beschäftigen sich die Beiträge von Anne Hölck und Christian Janecke mit der Bühnenhaftigkeit des Zoos.
Auf Grundlage eigener Recherche in 17 europäischen Zoos kategorisiert Anne Hölck die vorgefundene Zooarchitektur in die drei Gehegetypen ‚Schaukasten', ‚Bühne' und ‚Park', die sich an die Inszenierungsstrategien von Naturkundemuseum, Theater und Landschaftsgarten anlehnen. Im Schaukastenmodell wird ein passives Schauobjekt wie in einem Schaufenster präsentiert; im Illusionsraum der Bühne werden Tiere wie unfreiwillige Schauspieler mit klarer

Rollenverteilung vorgeführt und auch das zeitgenössische Immersionsgehege des Parks ist vor allem auf den Erlebniswert des Menschen hin ausgerichtet, auch wenn die wenigen Tiere, die sich für eine solche Präsentationsform überhaupt eignen, hier mehr Rückzugsmöglichkeiten und Bewegungsfreiheit haben. Alle drei Vermittlungsmedien sind ebenso wie ihre Mischformen laut Hölck nicht mehr zeitgemäß. Deshalb plädiert sie für Alternativen zum Zoo (eine Möglichkeit wäre etwa die filmische), bei denen die Lebensräume von Tieren und Menschen nicht mehr als Gegensätze konstruiert werden.
Christian Janecke vollzieht die bühnenbildnerischen und performativen Anstrengungen des Zoos im historischen Rückblick nach und entlarvt im Durchgang neben der konstitutiven Kulissenhaftigkeit der Zooarchitektur das Trügerische der Vorstellungen über die Tiere, die das Publikum in sie hineinprojiziert. U.a. zeigt er den Einfluss des Englischen Gartens, des Dioramas und der barocken Szenographie sowie die Nähe der räumlichen Anlage des Zoos zu Bühnenbild, zur Prospektmalerei und Ausstattungskunst der 1870er Jahre ebenso wie zu Raumbühnenentwürfen der 1920er Jahre oder zu René Allios „Konzept eines flexiblen Theaters“. Ob ein moralisches Dilemma mit einer bühnenhaften Darbietungsweise von Tieren einhergeht, mag Janecke nicht beantworten. Ein ästhetisches Problem sieht er aber durchaus, wenn der Zoo seinen Illusionismus weder thematisiert noch dekonstruiert, sondern vielmehr verschleiert, dass er Tiere vorzeigt. Allerdings behauptet jede theatrale Mise-en-scène immer auch eine Distanz zu den Tieren, so Janecke, die voyeuristischen Darstellungen von Tieren etwa im Film etwas entgegenzusetzen vermag.

Die Künstlerstrecke in dieser Ausgabe widmet sich dem Albino-Flachlandgorilla Snowflake, der von 1966 bis 2003 ein Star des Zoos in Barcelona war. Der niederländische Künstler Filip Van Dingenen appropriiert für sein Projekt u.a. mehr als 4.000 Kinderzeichnungen des Affen, die als Reaktion auf einen Aufruf des Zoos kurz vor Snowflakes Tod entstanden waren. Er versucht einerseits, den Hype um diese Tierpersönlichkeit zu verstehen und neu erlebbar zu machen, bemüht sich aber auch um eine ernsthafte Rekonstruktion von Snowflakes Biographie und seiner vielfältigen Beziehungen zu Menschen und Orten. Dass selbst der Name des Gorillas wechselt, von Nfumu über Copito de Nieve und Floquet de Neu zur englischen

Übersetzung Snowflake, zeigt, wie schwer seine Identität zu fassen ist und wie sehr seine gesamte mediale und institutionelle Repräsentation konstruiert ist.
Für John Berger ist der Zoo bekanntlich ein Denkmal für die Unmöglichkeit einer Begegnung zwischen Mensch und Tier.[6] Seiner Überzeugung nach verzerren Zoos unsere Sicht auf Tiere völlig, da sie eine Situation schaffen, in der Menschen etwas ansehen, was absolut marginal geworden ist. Doch Arbeiten wie die von Filip Van Dingenen bestreiten, dass Tiere in Zoos marginale Wesen sind. Seine Bildstrecke macht ebenso wie die übrigen Beiträge der vorliegenden Ausgabe aber auch deutlich, dass der Zoo immer ein Welterklärungsmodell ist: Tiere werden kategorisiert, kontrolliert und zur Schau gestellt, um ein bestimmtes, oft ideologisch gefärbtes Wissen über Tiere zu vermitteln. Dabei darf jedoch nicht vergessen werden, dass in dieser diskursiven und räumlichen Rahmung reale Tiere leben, fühlen und agieren. Deren Handlungs- und Wirkmacht herauszuarbeiten, könnte eine Aufgabe zukünftiger Zooforschung sein. Es ist jedenfalls zu vermuten, dass der Zoo in seiner jetzigen Form als Institution umso fragwürdiger wird, je mehr Wissen über seine BewohnerInnen generiert wird.

Jessica Ullrich

6 Vgl. John Berger: Warum sehen wir Tiere an? In: Ders.: *Das Leben der Bilder oder die Kunst des Lebens* [1980]. Berlin: Wagenbach 1989.

# Zookonzeptionen

# Zoos zwischen Artenschutz und Disneyworld

Judith Benz-Schwarzburg / Madelaine Leitsberger

## 1) Einleitung

Der Zoo ist ein Raum der Repräsentation von Tieren, der die Art, wie Menschen Tiere wahrnehmen und über sie denken, mitgestaltet. Seine Beurteilung muss deshalb erfolgen im Abgleich und im Wechselbezug des Selbstverständnisses bzw. des Images des heutigen Zoos und dem, was der Besucher erlebt, wenn er ihn durchwandert.

Was der Zoo sein möchte und wohin er sich entwickeln will, wird durch Befürworter[1] und Dachverbände erkennbar und bewusst in die Öffentlichkeit getragen. Anvisiert wird ein wissenschaftlich geführtes und gesellschaftlich relevantes Artenschutzzentrum, in dem einerseits artgerechte Haltungsbedingungen und andererseits Artenschutz und Bildung großgeschrieben werden. Die World Association of Zoos and Aquariums (WAZA) meint in ihren *Grundsätzen für Ethik und Tierschutz*:

> Der langfristige Bestand von Zoologischen Gärten und Aquarien bedingt, dass unsere Tätigkeit vom *Respekt vor der Würde der Tiere* in unserer Obhut [...] geleitet wird. [...] WAZA-Mitglieder stellen sicher, daß alle Tiere in ihrer Obhut *mit größter Rücksicht behandelt* werden; ihr *Wohlergehen hat jederzeit höchste Priorität. Gesetzliche Vorgaben* im Tierschutz sollten stets als *Mindestanforderungen* betrachtet werden. [...] Werden „wilde" Tiere vorgeführt, soll die Präsentation: (a) eine *deutliche Aussage zu deren Schutz* treffen oder einen anderen *Bildungswert* haben, (b) ihr *natürliches Verhalten* betonen, (c) das Tier *nicht abwerten oder in irgendeiner Weise geringschätzig darstellen.*[2]

Das ist eine klare ethische Positionierung, die über Tierschutz und Wohlergehen hinaus Würde und Respekt explizit als Werte nennt und zur Umsetzung des Bildungsanspruchs verpflichtet. Artenschutz und Bildung dienen als Werte, die die Existenz des Zoos und seine Botschaft moralisch legitimieren. Adressat der Botschaft ist zwar der

1 Vgl. etwa Jörg Junold: Der Zoo des 21. Jahrhunderts: Vision und Realität. In: Reiko Rackwitz / Michael Pees / Jörg R. Aschenbach / Gotthold Gäbel (Hrsg.): *LBH: 7. Leipziger Tierärztekongress – Tagungsband 3*. Köln: Lehmanns 2014, S. 554–557.

2 WAZA: WAZA Grundsätze für Ethik und Tierschutz. Verabschiedet am 19. November 2003 in San José. http://www.waza.org/files/webcontent/1.public_site/5.conservation/code_of_ethics_and_animal_welfare/Code%20of%20Ethics_DE.pdf (Zugriff am 05.02.2014) (Hervorhebungen JBS / ML).

Besucher. Der *Hauptprotagonist dieser Legitimierungsnarration* im Sinne eines Bezugspunktes für die genannten Werte ist aber das Tier in seinem natürlichen Verhalten, sein individuelles Wohl, seine Würde, sein inhärenter Wert. *Hauptkennzeichen der dargestellten Beziehung zwischen Tier und Besucher* sind Rücksicht auf das Tier und Respekt vor dem Tier als einem solchen Lebewesen.

Die Glaubwürdigkeit dieser Legitimierungsnarration wird von Kritikern hinterfragt, etwa mit Blick auf das Wohlbefinden von Zootieren oder mit Blick auf die tatsächliche Bedeutung des Artenschutzbeitrags des Zoos.[3] Außerdem gibt es selbstverständlich tierethische Theorien, nach denen (selbst wenn im Zoo tatsächlich Artenschutz und Bildung stattfinden sollten) die Haltung und Präsentation der Tiere noch lange nicht moralisch zulässig wären.[4] Diesen Kritikpunkten wird hier nicht näher nachgegangen. Stattdessen steht eine andere Form der Zookritik im Mittelpunkt, welche Entwicklungen aufzeigt, die daran zweifeln lassen, dass Artenschutz und Bildung überhaupt im Zentrum dessen stehen, was Zoos tun und bieten.

Diese Form der Zookritik erfolgt vor dem Hintergrund von Studien zur durchschnittlichen Verweildauer vor den Gehegen, die zeigen, dass die Besucher den Tieren oft nur sekundenlang ihre Aufmerksamkeit schenken.[5] Es entsteht der Eindruck, dass das Tier ein überlagerter Faktor im Gesamtpaket „Zoo" ist, das schwerpunktmäßig auf Unterhaltung abzielt.

Viele Zoos kommunizieren über ihre Homepages eindeutig, dass der Besucher vor allem Spaß erwarten kann. Es wäre zu erwarten, dass Einrichtungen, die Forschung, Bildung und Artenschutz als *Mission Statement* formulieren, dies auch mit Inhalten füllen. Relativ selten publizieren Zoos aber etwa Erfolgsquoten von Zuchtprogrammen,

3 Für einen Überblick zur Zookritik s. Judith Benz-Schwarzburg: Zoologische Gärten: Arche Noah oder Disneyworld? In: Dies. (Hrsg.): *Verwandte im Geiste, Fremde im Recht? Sozio-kognitive Fähigkeiten bei Tieren und ihre Relevanz für Tierethik und Tierschutz*. Erlangen: Harald Fischer 2012, S. 296–316.

4 Vgl. z. B. Tom Regan: Are Zoos Morally Defensible? In: Bryan G. Norton / Elizabeth F. Stevens (Hrsg.): Ethics on the Ark: Zoos, Animal Welfare, and Wildlife Conservation. Washington / London: Smithsonian Institution Press 1995, S. 38–51.

5 Vgl. etwa Paul A. Rees: *An Introduction to Zoo Biology and Management*. Chichester: Wiley & Blackwell 2011; Stephen R. Ross / Kristen E. Lukas: Zoo Visitor Behavior at an African Ape Exhibit. In: *Visitor Studies Today* 8,1 (2005), S. 4–12; Stephen Ross / Katie L. Gillespie: Influences on Visitor Behavior at a Modern Immersive Zoo Exhibit. In: *Zoo Biology* 28,5 (2009), S. 462–472 .

liefern Informationen über ihre zukünftige Forschungsagenda, listen wissenschaftliche Publikationen, machen transparent, wie viel der eingenommenen Gelder direkt in Artenschutz oder Forschung fließen oder bieten Lernmaterialien und Fortbildungsmöglichkeiten.[6] Ist der lehrreiche Besuch eher ein *Fun Day Out*?

Alan Beardsworth und Alan Bryman meinen, dass Entertainmenttendenzen im heutigen Zoo speziell über *Mechanismen der Disneyisierung* zunehmen.[7] Über sie wird das Tier, seine Wahrnehmung und die ihm zugeschriebene Rolle in Handlungslogiken eingekleidet, die den Sphären der Unterhaltung und des Konsums entnommen sind. Es ist zu fragen, über welche Mechanismen sich diese Ausrichtung gestaltet und welche Auswirkungen sie auf das im Zoo vermittelte Mensch-Tier-Verhältnis hat. Dies ist der Fokus unseres Artikels.

Wir werden die mit Blick auf amerikanische Zoos entwickelten Disneyisierungskriterien vorstellen und zeigen, wie sie sich auch in europäischen Einrichtungen mit Tieren zeigen. Unsere Beispiele entstammen einerseits dem ältesten Zoo der Welt, dem Tiergarten Schönbrunn, der als wissenschaftlich geführte Einrichtung hohes Ansehen genießt, und andererseits dem Schwaben Park Gmeinweiler-Kaisersbach, einem Freizeitpark mit Tierhaltung.[8] Es wird sich zeigen, dass beide Institutionen zwar sehr unterschiedlich ausgerichtet sind, dass sich in beiden aber Tendenzen einer Disneyisierung in unterschiedlicher Stärke beschreiben lassen.

6 Neil Carr /Scott Cohen: The Public Face of Zoos: Images of Entertainment, Education and Conservation. In: *Anthrozoös* 24,2 (2011), S. 175–189.

7 Alan Beardsworth / Alan E. Bryman: The Wild Animal in Late Modernity: The Case of the Disneyization of Zoos. In: *Tourist Studies* 1,1 (2001), S. 83–104.

8 Wir haben den Tiergarten Schönbrunn im Sommer 2013 aus der Besucherperspektive betreten, um der Frage nachzugehen, inwiefern sich dort Disneyisierungstendenzen beobachten lassen. Ziel war keine vollständige empirische Studie. Besucher wurden nicht befragt. Es sollte ein erster theoriegeleiteter Eindruck im Abgleich mit den Thesen und Beispielen von Beardsworth und Bryman gewonnen werden. Wir danken dem Tiergarten für seine Kooperation. Unsere Ausführungen zum Schwaben Park stützen sich auf Video- und Fotomaterial einer umfassenden Recherche, die Animal Equality Germany e. V. 2012 dort durchgeführt hat (http://www.schwabenparkrecherche.com/, Zugriff am 02.11.2014) sowie auf Informationen, die der Park über seine Homepage publiziert bzw. publiziert hat. Zum Webauftritt der beiden Einrichtungen siehe www.zoovienna.at und www.schwabenpark.de.

## 2) Die Disneyisierungskritik

Beardsworth und Bryman führen den Begriff der Disneyisierung zunächst als neutralen Begriff ein, der den Einfluss der (Business)-Prinzipien der Disney Themenparks auf andere Organisationen und Institutionen beschreibt.[9] Zu diesen Prinzipien gehören die Sortierung der Schaustellung und die Konstruktion der eigenen Selbstdarstellung einer Institution anhand von Themen (*theming*), die Ausgestaltung und Vermischung verschiedener Konsumbereiche (*dedifferentiation of consumption*), die Vermarktung über umfassende Werbe- und Verkaufsstrategien (*merchandising*) und das gezielte Einsetzen von positiven Emotionen durch das Servicepersonal (*emotional labor*).

### *2.1) Theming*

Theming findet sich im Zoo auf verschiedenen Ebenen. Zunächst gestalten Zoos ihre Identität mit Rückgriff auf die Themen Bildung und Artenschutz ganz im Sinne der 2005 veröffentlichten WAZA Naturschutzstrategie[10] um. Beardsworth und Bryman sprechen von dem neuen „master narrative" des Zoos.[11] Auch der Tiergarten Schönbrunn folgt dieser Wandlung. Bereits auf der Homepage, aber auch im Zoo selbst, ist das Bildungs- und Artenschutzthema sehr präsent. Informationstafeln geben Aufschluss über die Gefährdung der beherbergten Arten, darüber, ob sie Teil von Zuchtprogrammen sind, wie sich der Zoo am Artenschutz (*in-situ* und *ex-situ*) beteiligt und ob es Zuchterfolge (von gefährdeten wie von nicht bedrohten Arten) gibt. Unklar bleibt allerdings, wie von Neil Carr und Scott Cohen schon kritisch bemerkt, welcher Prozentsatz der Einnahmen des Tiergartens direkt in Artenschutzprojekte fließt.[12]

9 Beardsworth / Bryman: The Wild Animal in Late Modernity, S. 83. Disneyisierung (disneyization) ist dabei zu unterscheiden von Disneyfizierung (disneyfication): „The latter term is invariably applied to the impact of a Disney approach to cultural products, such as folk tales and novels. It is usually employed in a pejorative way to indicate a process of infantilization and vulgarization of the original content" (ebd., S. 90).

10 WAZA: Building a Future for Wildlife: The World Zoo and Aquarium Conservation Strategy, 2005. http://www.waza.org/files/webcontent/1.public_site/5.conservation/conservation_strategies/building_a_future_for_wildlife/wzacs-en.pdf (Zugriff am 06.06.2014).

11 Beardsworth / Bryman: The Wild Animal in Late Modernity, S. 94.

12 Carr / Cohen: The Public Face of Zoos, S. 183.

Theming im Zoo umfasst aber auch die Schaffung von Leitmotiven *innerhalb* der Ausstellungen und Attraktionen.[13] So entstehen zunehmend Afrikasteppen, Dschungelwelten und ähnliche künstliche Lebensräume, die im Sinne einer Quasifizierung[14] (Nachahmung oder Simulation) von Natur eine Ästhetik der Natürlichkeit erschaffen. Sicherlich haben natürlicher wirkende Käfige und Gehege, wenn sie geräumig und ausgestaltet sind, zu Verbesserungen der Haltungsbedingungen für Tiere geführt. Die Schaffung einer Ästhetik der Natürlichkeit richtet sich aber auch deutlich – womöglich sogar vorrangig – an den Besucher. Dieser steht nicht mehr *vor einem Tier im Käfig*, sondern wird dank moderner Immersionsgehege *in eine vermeintlich natürliche Themenwelt mit tierlichem Bewohner hineingezogen.*[15] Zooarchitektonisch möglich wird das, indem z. B. Gitterstäbe durch weniger den Blick verstellende und unauffälligere Grabenabsperrungen und Glasscheiben ersetzt werden. Beardsworth und Bryman betonen, dass dies dem Besucher u. a. suggeriert, die Tiere seien weniger eingesperrt.[16]

Auch in Schönbrunn wird Theming umgesetzt. Die Sortierung der Schaustellung erfolgt dort gemäß dreier Besucher-Routen. Die Hauptroute inszeniert den imperialen Zoo. Ein historischer Pfad mit Informationstafeln zeigt dem Besucher die Entwicklung seit der Kaiserzeit. Die Neptun-Route entspricht dem Bild eines modernen Zoos mit weitläufigen Anlagen und Attraktionen wie dem Regenwaldhaus. Auf der Tiroler-Route begibt sich der Besucher abseits der Hektik über einen Baumkronenpfad durch die ursprüngliche (unberührte?) Natur Österreichs zu einem historischen Bauernhof. Innerhalb dieser drei Themen werden aber auch Inszenierungen sichtbar, die sich auf

13 Beardsworth / Bryman: The Wild Animal in Late Modernity, S. 91–92.

14 Engl. *quasification*; ebd., S. 87.

15 Zur Geschichte und den Prinzipien der Zooarchitektur, auch zu sog. „landscape-immersion exhibits", siehe David Hancocks: A Different Nature: The Paradoxical World of Zoos and Their Uncertain Future. London: University of California Press 2003.

16 Ebd., S. 92: „In part, theming inside the zoo is a product of public unease about the sight of captive animals in cages [...]. Placing animals in contexts in which they could roam more freely is much more consistent with modern sensibilities and attitudes to animals in captivity. [...] The evidence that the animals somehow benefit from such environments is unclear, some commentators suggest that they are designed to enhance the sense of well-being of the zoo visitor more than that of the animal [...]."

einzelne Tierarten beziehen. Im Koalahaus wird z. B. mit trockenem Lehmboden und Wänden aus grobem Stein oder Holz australische Natur quasifiziert. Im Aufenthaltsbereich der Besucher finden sich aborigine Wandmalereien und am Ausgang durchquert man einen kleinen Raum mit Informationen über Eukalyptus begleitet von Didgeridoo-Musik, womit dann endgültig alle landestypischen Charakteristika bedient sind. Selten sind einfache und unstrukturierte Wände und Umzäunungen in Besucherbereichen zu finden, stattdessen werden sie architektonisch an die simulierte Natur angepasst, was den Besucher visuell, auditiv und haptisch in die Themenwelt hineinzieht.

Themingstrategien erfassen aber auch Konsumangebote, das Merchandising und eventuell Shows im Zoo. Sie können im Einklang mit Werten wie Respekt vor dem Tier und seiner Würde stehen und auch ein Weg sein, die Artenschutzthematik präsent zu halten. Viele Ausführungen von Theming sprechen aber den Besucher auf anderen Ebenen an, inszenieren das Faszinosum des Exotischen und rekurrieren auf geographisches, kulturelles oder biologisches Halbwissen. Oft sind sie weitestgehend fern von Bildung und Artenschutz und kreieren stattdessen attraktive Unterhaltungsdimensionen, die durchaus in Konkurrenz stehen mit Bildungsangeboten im Zoo. Beardsworth und Bryman kommen zu dem Schluss: Theming „may be primarily for the benefit of humans. It is they who can relish and enjoy the carefully crafted artificiality of such settings. For the inmate animals, such artifices, which Desmond […] has usefully termed 'faked organic realisms', are in themselves beyond comprehension.“[17] Dies gilt sicherlich auch für aborigine Wandmalereien u. Ä. in Koalahäusern.

Ob bei der Präsentation des Tiers jederzeit dessen Wohlergehen höchste Priorität hat (wie es die WAZA fordert) oder ob die Gestaltungen vielmehr auf das Natürlichkeitsempfinden des Besuchers und dessen gute Sichtbarkeit auf das Tier abzielen, sei dahingestellt. An Themingstrategien wird deutlich, welch großen Aufwand der Zoo für den Besucher betreibt, auch ohne diejenigen Werte, die er laut Selbstverständnis im Blick hat, immer sichtbar in den Mittelpunkt zu stellen.

17 Hancocks: A Different Nature, S. 92.

### *2.2) Dedifferentiation of Consumption*

Das zweite Disneyprinzip beschreibt die Ausdifferenzierung und Verflechtung von verschiedenen Konsumbereichen aus unterschiedlichen institutionellen Sphären in einer Institution.[18] Gemeint ist, dass in Zoos zunehmend Geschäfte und Restaurants, aber auch Freizeitparkattraktionen wie Achterbahnen, zirkusartige und karnevaleske Elemente integriert werden.

Wenn ausdifferenzierte Konsumsphären entstehen, dann multiplizieren sich zunächst faktisch Gelegenheiten, zu konsumieren. In Schönbrunn bieten diverse Restaurants, Cafés und Imbissbuden, Souvenirstände und Zooshops Gelegenheit, Geld auszugeben. Dies gilt für Getränke und Essen, Werbeartikel oder Extra-Attraktionen wie Ponyreiten (letzteres wird aber nur zwei Stunden am Tag angeboten). Über die geschaffenen Themenwelten werden ebenfalls Konsummöglichkeiten kreiert, man denke an das Thema Australien im Koalahaus oder an das Artenschutzthema, die sich beide auch im Shop des Tiergartens wiederspiegeln. Den größten Shop am Haupteingang kann man auch ohne Zoobesuch betreten, was darauf hindeutet, dass potenzielle Kunden außerhalb der Gruppe der Zoobesucher gesehen werden. Andererseits müssen Besucher, die den Zoo verlassen, nicht wie sonst oft üblich, den gesamten Laden durchqueren. Anders als Beardsworth und Bryman dies für amerikanische Zoos feststellen, finden sich in Schönbrunn (bis auf das Ponyreiten und evtl. den Streichelzoo) keine deutlichen Elemente, die dem Vergnügungspark oder Rummelplatz entstammen. Dies gilt sicherlich nicht für jede zooähnliche Einrichtung in Europa.

Der Schwaben Park Gmeinweiler integriert beispielsweise ganz deutlich Elemente aus den Institutionen Vergnügungspark und Theater. Neben den Gehegen mit Wildtieren, Nutz- und Heimtieren gibt es auch Shows mit diesen Tieren sowie klassische Fahrgestelle, z.B. Bahnen, Rutschen und Scooter. Die Tiere werden also nicht nur zootypisch präsentiert, sondern im Verbund mit klassischen Elementen des *Funparks*. Mit dem „Schimpansentheater“, in dem die Schimpansenshows dargeboten werden, wird ein zusätzlicher Ort der Inszenierung in der Inszenierung geschaffen. Beardsworth und Bryman äußern Bedenken, dass Besucher solcher Parks nicht mehr

18 Ebd., S. 94–95.

unterscheiden können, wo sie sich befinden[19] – im Zoo, im Freizeitpark oder auf dem Rummelplatz. Sie nehmen bei der Betrachtung der Tiere, die zwischen Autoscooter und Kasperltheater eingeschoben wird, die Brille des Entertainments nicht ab und sehen auch die Tiere in einer puren Unterhaltungsfunktion.

Auch Zoos, die weniger deutlich in Richtung Vergnügungspark ausgerichtet sind, aber klare Anzeichen der Ausdifferenzierung und Vermischung von Konsumbereichen zeigen, laufen Gefahr, dass die Beobachtung des Tiers in seinem natürlichen Verhalten und die Vermittlung von Werten wie Artenschutz in den Hintergrund treten. Angebote der konsumorientierten Unterhaltung werden stattdessen wichtiger. Damit nimmt eine *Kommerzialisierung* im Zoo zu. Der Begriff Kommerzialisierung beschreibt die Ausbreitung des Marktes und einer ökonomischen Handlungslogik in andere gesellschaftliche Bereiche, die bisher nicht oder nicht vorrangig unter diesen Handlungslogiken verstanden wurden. Wir werden später hierauf genauer eingehen. Da der Zoo sich von anderen (rein) kommerziellen Einrichtungen wie etwa Entertainmentparks gerade durch den Rückgriff auf Artenschutz- und Bildungsfunktion abzusetzen versucht, wäre seine tatsächliche verstärkte Kommerzialisierung problematisch. Dies würde zunächst einen Bruch zwischen der Selbstdarstellung und der tatsächlichen Ausrichtung des Zoos markieren. Ethisch relevant wäre dieser Bruch, wenn durch eine Ausrichtung auf Konsum und Kommerz diejenigen Werte bedroht wären, die der Zoo angeblich vermitteln möchte. Wir werden im Folgenden sehen, dass etwa die direkte Verwendung von Tieren in Shows oder deren indirekte Verwendung als Werbeträger das Tier in Handlungslogiken der Kommerzialisierung einschließt.

### *2.3) Merchandising*

Als drittes Disneyprinzip nennen Beardsworth und Bryman die Vermarktung von Institutionen über umfassende Werbe- und Verkaufsstrategien.[20] Gemeint ist im Falle von Zoos erstens der zunehmende Verkauf von Werbeprodukten wie Kuscheltieren, T-Shirts, Tassen und Stiften, der auf Tiere oder auf das, was Tiere verkörpern,

19 Hancocks: A Different Nature, S. 94–95.
20 Ebd., S. 95.

zurückgreift. Letzteres kann von der Artenschutzbotschaft über ein Abenteuer- und Exotikfeeling bis hin zur Ästhetik des Niedlichen reichen. Zweitens werden aber auch individuelle Tiere als Werbeikonen oder Me-too-Produkte vermarktet (man denke an Knut, Flocke, Wilbär & Co). Dafür eignen sich besonders vom Aussterben bedrohte oder charismatische Arten sowie Jungtiere. Der Berliner Zoo hat sich folgerichtig schon frühzeitig die Marke „Knut" gesichert und lässt den verstorbenen Eisbär in zahlreichen Merchandising-Artikeln lukrativ weiterleben. Drittens werden im Merchandising neue Wege gesucht, den Zoo zu bewerben. Wiederum deuten diese in Richtung einer Ausrichtung als Ort des Entertainments und nicht der Bildung oder des Artenschutzes, etwa indem der Zoo als Eventlocation anmietbar wird.

Auch im Tiergarten Schönbrunn erfreuen sich Jungtiere einer besonderen Beliebtheit und werden in einer eigenen Rubrik auf der Homepage, den sogenannten Babynews, gezielt und mit starker medialer Resonanz beworben. An den Ständen und im Shop werden die üblichen Spielzeuge und Stofftiere angeboten, wobei Schönbrunns Ikonentiere, etwa die Pandas oder (seit der Eröffnung der Eisbärenwelt 2014) auch die Eisbären, flächen- und zahlenmäßig überlegen sind. Die vorhandenen Souvenirläden gehören alle einem Unternehmen an, das sich der Natur und ihrer Erhaltung verpflichtet hat, was das Artenschutzimage des Zoos unterstreicht. Schließlich können einige Einrichtungen des Zoos, vom Aquarien-Terrarienhaus bis zum Elefantenpark, vom Kaiserpavillon bis zum Tirolerhof, als Eventlocation für Empfänge und Cocktailparties angemietet werden. Geworben wird mit dem „exotischen Charme" eines Abends, der mit einem Aperitif zwischen den Tieren beginnt und jede Veranstaltung zu einem „tierischen Vergnügen" macht.[21]

Im Vermarktungsprozess wird das Tier oder das, was es verkörpert, zum Werbeartikel (engl. *commodity*), zum verkauften Produkt[22] und bei

21 Vgl. http://zoovienna-gastro.at/uploads/contenteditor/files/factsheet_veranstaltungen_allg_A3_final_screen.pdf (Zugriff am 02.11.2014).

22 *Direkt* wird das Tier bzw. das, was es tut, zum verkauften Produkt bzw. zu einem Konsumangebot, wenn es in Shows eingesetzt wird. *Indirekt* wird es zum Produkt, wenn Merchandising-Artikel auf Vorstellungen vom Tier zurückgreifen oder diese zum Thema machen, etwa über Bild- oder Textmaterial. Das Tier ist auch in dieser indirekten Verwendung Mittel (Werbeträger) zum Zweck (Gewinnsteigerung) und als Werbebotschaft Teil des verkauften Produkts.

Erfolg zum Verkaufsschlager. Es kann von einer *Kommodifizierung* des Zootiers gesprochen werden. Dabei scheinen nicht die Würde des Tiers oder der Respekt vor ihm und auch nicht sein Bedrohungsstatus im Zentrum dessen zu stehen, was als Produkt generiert wird. Angeboten werden stattdessen meist Produkte, die a) in keinem direkten Artenschutz- oder Bildungszusammenhang stehen (bis auf wenige Bücher), sondern Unterhaltung, Freizeit, Spiel und Spaß bedienen und die b) in Design und Darstellung der Tiere auf die Erwartungen des Zoobesuchers und sein (durch Fernsehen, Film und Werbung vorgeprägtes) Bild vom Tier zugeschnitten sind. Rund um Zootiere generierte Produkte erfüllen oft „anthropomorphe" und „sentimentale" Erwartungen an das Tier und vermarkten eben nicht dessen Würde oder natürliches Verhalten.[23]

Entscheidend ist, dass Kommodifizierung an *Kommerzialisierung* geknüpft ist, was eine direkte Verbindung zurück zur Ausrichtung des Zoos auf den Besucher und auf die Ausweitung von Konsumsphären herstellt: Kommodifizierung bezeichnet die Assoziation einer Handlungspraxis mit Einstellungen oder Haltungen (wir haben vorhin von Handlungslogiken gesprochen), die normalerweise mit kommerziellen Transaktionen verbunden sind.[24] Der Kommodifizierung implizit, so Schrecker et al., ist eine Form der *Objektifizierung*: Eine Person oder Kreatur, also ein Subjekt mit Autonomie und Würde, wird wie ein Instrument zur Erfüllung der Wünsche und Bedürfnisse anderer behandelt, ohne dass dies als ethisch problematisch wahrgenommen wird.[25] Prozesse der Instrumentalisierung von Tieren werden in der Tierethik kritisch diskutiert. Insbesondere, wenn eine Instrumentalisierung die Eigenart des instrumentalisierten Wesens nicht respektiert

23 Beardsworth / Bryman: The Wild Animal in Late Modernity, S. 99.

24 Ted Schrecker / Carl Elliott / Barry Hoffmaster / Edward W. Keyserlingk / Margaret A. Somerville: Commodification and Objectification. In: Dies.: Ethical Issues Associated with the Patenting of Higher Life Forms, 1997. http://www.iatp.org/files/Ethical_Issues_Associated_with_the_Patenting_o.pdf (Zugriff am 15.10.2014), S. 61–70. Schrecker et al. argumentieren hier mit Bezug auf Margaret Jane Radin: Reflections on Objectification. In: *Southern California Law Review* 65,1 (1991), S. 341–354; Scott Altman: (Com)modifying Experience. In: Ebd., S. 293–340; Margaret Jane Radin: Justice and the Market Domain. In: Roland Pennock / John Chapman (Hrsg.): *Markets and Justice*. New York: New York UP 1989, S. 165–197.

25 Schrecker et al.: Commodification and Objectification, S. 62.

und auf pure Belustigung zielt, stellt sie nach Klaus-Peter Rippe eine Würdeverletzung dar.[26]

Schrecker et al. betonen außerdem, dass Kommodifizierung und Objektifizierung etwas beinhalten, was Shapiro die Assoziierung von Vorstellungen (*association of ideas*) nennt: Sie rekonfigurieren die Schemata, mit deren Hilfe wir unser Denken über Tiere sortieren.[27] Die Art und Weise, wie man über das Tier und das Mensch-Tier-Verhältnis denkt, wird also beeinflusst, wenn die Begegnung mit dem Tier im Rahmen von Kommodifizierung und Kommerzialisierung stattfindet, und zwar in einer Weise, die gerade nicht Würde und Eigenwert betont, sondern Tiere als Instrumente zur Erfüllung menschlicher Wünsche und Bedürfnisse behandelt. Schrecker et al. sprechen explizit davon, dass mit der Kommodifizierung das Potenzial verbunden ist, Respekt und Ehrfurcht vor Lebewesen zu verlieren.[28] In diesem Sinne konterkarieren und gefährden eine zunehmende Kommerzialisierung und Kommodifizierung genau diejenigen Werte, die im Zentrum des Bildungs- und Artenschutzauftrags des Zoos stünden.

### *2.4) Emotional Labor*

Beardsworth und Bryman problematisieren als viertes Anzeichen für Disneyisierung, dass auf Zootiere „als Personal" die Aufgabe von Emotionsarbeit übertragen wird, z. B. in Shows. Dies sei der Fall, wenn die Tiere bestimmtes, antrainiertes Verhalten zeigen, das positive Emotionen beim Besucher hervorrufen soll.[29] Dem Tier wird die Rolle des Spaßmachers auferlegt (und als Showstar wird es wieder zur wirksamen Werbeikone).

Emotionsarbeit wird in Schönbrunn zunächst wenig spürbar umgesetzt. Die Fütterungen reagieren zwar sicher auf das Interesse des Besuchers an speziellen Arten und regen dieses an, werden aber in erster Linie genutzt, um Informationen über die Tiere, auch über

26 Klaus-Peter Rippe plädiert für einen schwachen (vom kantischen Autonomiebegriff losgelösten) Würdebegriff bei Tieren, der Güterabwägungen erlaubt. Aber auch in seinem Würdeverständnis ist Instrumentalisierung mit Blick auf die Würde kritisch zu betrachten. Der Betroffene selbst muss dabei die Instrumentalisierung als solche nicht erkennen können. Vgl. Klaus-Peter Rippe: „Würde des Tieres" aus rechtsphilosophischer Sicht. In: *TIERethik* 3,3 (2011), S. 8–31, hier S. 15–16.

27 Schrecker et al.: Commodification and Objectification, S. 62.

28 Ebd., S. 15.

29 Beardsworth / Bryman: The Wild Animal in Late Modernity, S. 98.

weniger charismatische oder populäre Arten, zu vermitteln. Eine Ausnahme bildet die Seelöwen-Fütterung. Sie zeigt deutliche Showelemente, spielt mit der Vorstellung vom wilden und gefährlichen Tier, wenn der Tierpfleger seinen Hals dem geöffneten Maul des Seelöwen präsentiert, und zeigt Anzeichen von Emotionsarbeit. Die Seelöwen ‚küssen' und ‚umarmen' den Pfleger und spritzen die Besucher nass. Dies zeigt antrainierte Tricks, die ganz klar positive Emotionen beim Besucher hervorrufen sollen und die Tiere als Showpersonal verwenden. Im Kontrast zu anderen Zoos ist dies die einzige derartige Inszenierung in Schönbrunn.

Große Menschenaffen werden besonders leicht von einem Unterhaltungstrend und anthropomorphen Inszenierungen erfasst. Als hochintelligente Tiere sind sie für Shows gut trainierbar, in Vorführungen erfolgreich einsetzbar und gewinnbringend zu vermarkten. Im Schwaben Park kommen etwa 40 Schimpansen, viele von Hand aufgezogen, in einer „in Europa einmalige[n] Schimpansenshow"[30] zum Einsatz. Dafür werden die Tiere, die Halsbänder und Leinen tragen, den Besuchern in einer Manege präsentiert. Kostümierte Tiere, die schuhplattelnd und squadfahrend als Clowns inszeniert werden, als Indianer verkleidet ums Lagerfeuer sitzen, telefonieren oder sich im Schlafanzug ins Kinderbett legen, werden bzw. wurden bis vor kurzem hochgradig vermenschlicht. Der Park hat zwar Ende 2013 als Reaktion auf Kritik von Seiten der zuständigen Behörde und der Öffentlichkeit die am stärksten anthropomorphen Elemente der Show aus dem Programm genommen und zeigt nun stattdessen einen kurzen Einspieler zu Verhalten und Artenschutz[31] (was angesichts des Rests der Show zynisch anmuten mag). Dennoch wurde die Show bisher nicht eingestellt.[32] Die Tiere wirken in ihrer Nachahmung typisch menschlicher Tätigkeiten und vor der Folie menschlichen Könnens komisch. Ihr Eigenwert als Lebewesen mit arttypischem natürlichem Verhalten spielt keine Rolle.

Im Schwaben Park dominiert der Unterhaltungsaspekt dank der ausdifferenzierten Konsumbereiche und der Shows, was Auswirkungen auf das Verhalten mancher Besucher den Tieren gegenüber hat. Sie

30 http://schwabenpark.com/index.php?id=43 (Zugriff am 18.07.2014).

31 Persönliche Kommunikation mit Colin Goldner (Great Ape Project Deutschland).

32 Stand Sommer 2014.

versuchen z. T. massiv und ohne jeglichen Respekt vor den Bedürfnissen der Tiere, mit diesen zu interagieren, klopfen an Scheiben oder werfen Gegenstände wie Verpackungsmüll ins Gehege. Ein Besucher wurde sogar dabei gefilmt, wie er einem Tier eine brennende Zigarette hinwirft und sich dann darüber amüsiert, wie das Tier diese raucht. Aus ethischer Sicht stellt sich also die Frage, welche Art der Mensch-Tier-Beziehung die Shows bedienen und befördern. Sicherlich ist es nicht die Beobachtung eines Tieres aus respektvollem Abstand, mit so wenig Kontakt und so großer Achtung wie möglich. Die Tiere werden als Showobjekte vorgeführt und auch außerhalb der Showeinlage bleiben sie Objekte der Belustigung.

### 3) Diskussion

Das Beispiel des Schwaben Parks ist ein Extrembeispiel. Dennoch beginnen Tendenzen der Disneyisierung, wie wir gezeigt haben, mit Elementen, die auch im wissenschaftlich geführten Zoo zu finden sind.

Die Disneyisierungskritik kann deshalb erstens Gefahren deutlich machen, die in der zukünftigen Ausrichtung aller Zoos zu beachten sind. Darüber hinaus stellt sie zweitens die Glaubwürdigkeit des Imagewandels des heutigen Zoos hin zur Artenschutz- und Bildungseinrichtung in Frage. Drittens zeigt sie Spannungen in der Grundkonstellation von Zoos auf. Diese mögen in schwächerer Form schon immer bestanden haben (es ist nichts Neues, dass Zoos, in der Form wie sie heute betrieben werden, wirtschaftlich sein müssen). Vor dem Hintergrund eines Selbstverständnisses, welches Werte betont, die durch Prozesse der Kommodifizierung, Kommerzialisierung, Objektifizierung und Instrumentalisierung von Tieren bedroht sein können, werden diese Spannungen aber tierethisch relevant.

Engagierte Zoos wie der Tiergarten Schönbrunn bieten den Tieren Enrichment und Rückzugsmöglichkeiten. Sie vermitteln sicherlich auch tatsächlich an einigen Stellen Wissen über das Tier und Respekt vor ihm. Allerdings könnten diese Werte bei gleichzeitigem Beschneiden der Unterhaltungsdimension deutlicher in den Vordergrund gestellt werden.[33] Mit der Wiedereröffnung der neuen Eisbärenanlage 2014 hat Schönbrunn sich beispielsweise für die Fortführung der

33 Carr / Cohen: The Public Face of Zoos, S. 179.

Haltung einer Art entschieden, die zwar zu den schauattraktivsten, aber auch zu den am heftigsten umstrittenen[34] Arten im Zoo gehört. Dies kann als eine verpasste Chance angesehen werden, tierethische Überlegungen dem Unterhaltungstrend überzuordnen. Vor dem Hintergrund der Disneyisierungskritik werden außerdem Problematiken sichtbar, die etwa mit einem Merchandising-Fokus auf der Vermarktung von Jungtieren, der Vermarktung des Zoos als Eventlocation oder mit Showelementen in Fütterungen zu tun haben.

Die schwächste zu fordernde Konsequenz wäre die Forderung nach einer ehrlicheren Kommunikation der Zoos. Wo Artenschutz und Bildung eine untergeordnete Rolle spielen, sollten sie nicht als normativer Deckmantel verwendet werden. Wer in den Zoo geht, sollte wissen, wofür der Zoo steht. Mehr noch: wer in einen bestimmten Zoo geht, sollte wissen, wofür dieser bestimmte Zoo steht. Nur so kann in gesellschaftlichen Debatten überhaupt neu darüber verhandelt werden, ob der Zoo, so wie er heute ist, eine Zukunft haben sollte oder ob alternative Institutionen den Artenschutz- und Bildungsauftrag ethisch vertretbarer erfüllen könnten.

34 Ross Clubb / Georgia Mason: Captivity Effects on Wide-ranging Carnivores. In: *Nature* 425 (2003), S. 473–474; Georgia Mason: Why Do Polar Bears and Other Captive Carnivores Perform Stereotypic Behavior? Handout (5 S.), AZA Bear Taxon Advisory Group Husbandry Workshop, June 2013, St. Paul, MN, USA; David Shepherdson / Karen D. Lewis / Kathy Carlstead / Joan Bauman / Nancy Perrin: Individual and Environmental Factors Associated with Stereotypic Behavior and Fecal Glucocorticoid Metabolite Levels in Zoo Housed Polar Bears. In: *Applied Animal Behaviour Science* 147,3–4 (2013), S. 268–277.

# Der Reiz der Mensch-Wildtier-Beziehung im unmittelbaren Kontakt

## Ökotourismus als der ethisch ‚bessere' Zoo?

Clemens Wustmans

Für viele Menschen stellt der unmittelbare Kontakt zu nichtmenschlichen Tieren eine besondere Qualität des Erlebens dar. Im Gegensatz zu Filmaufnahmen oder Bildern ermöglicht er ein Ansehen des Tiers als tatsächliches Gegenüber, das mit allen Sinnen wahrgenommen und somit als umso eindrucksvoller erlebt wird. Handelt es sich um ‚Wildtiere', ist in der Regel der Zoo als klassischer Ort dieser Begegnung anzusehen. Gesteigert wird die Erwartungshaltung an eine Begegnung mit wild lebenden Tieren wohl nur noch, wenn diese in deren ‚natürlichem Lebensraum' stattfindet; eine Art Sehnsuchtsziel, verbunden mit der Gewissheit größtmöglicher Authentizität, wie sie beispielsweise ein Zoo so niemals bieten könnte.[1]

Im Folgenden soll erörtert werden, inwieweit diese zumindest für den Menschen reizvolle Begegnung zwischen Mensch und Wildtier einer ethischen Urteilsbildung standhält: Kann diese derart gestaltet sein, dass sie in einer Güterabwägung der durch den Kontakt kaum vermeidbaren Einflussnahme auf das Leben des nichtmenschlichen Tieres einen ‚Mehrwert' entgegensetzen kann?

### Bildung als Schlüssel: Eine tierethische Kriteriologie

Das gegenwärtige Selbstverständnis Zoologischer Gärten und Aquarien charakterisiert diese Einrichtungen als wissenschaftlich geleitete Stätten des Artenschutzes und der Erhaltungszucht bedrohter Tierarten. Als ‚Besucherattraktionen' bieten sie, so das Idealbild, die Plattform, Besuchern in großer Zahl Belange und Fragen des weltweiten Naturschutzes bewusst zu machen. Erstmals veröffentlichte

1 Gelegentlich bleibt die versprochene Authentizität jedoch wohl eher eine vorgestellte – nicht nur in vielen Nationalparks Ostafrikas ist die Grenze zum – wenn auch flächenmäßig enorm großen – Zoo oder „Safaripark" eher fließend; das Postulat der naturnahen Beobachtung leidet beispielsweise unter dem Anfüttern von Tieren an bestimmten, gut einsehbaren Plätzen jedoch erheblich.

der Weltverband der Zoos und Aquarien (WAZA) im Jahre 1993 ein Dokument als Stellungnahme und „Vision" zur Umsetzung und Förderung von Natur- und Artenschutzmaßnahmen in und durch Zoos: die Welt-Zoo-Naturschutzstrategie.[2]
Es ist das Anliegen dieses Papiers, die Rolle von Zoos (und Aquarien) zu definieren. Grundlage dieser Zielbestimmung ist dabei die Überlegung, dass letztlich nur Zoologische Gärten die verschiedenen Naturschutzaktivitäten in ihrer gesamten Breite abzudecken vermögen: Neben dem Kernelement der „ex situ-Zucht", also der Erhaltungszucht bedrohter Tierarten außerhalb ihres natürlichen Lebensraums, meint diese den „in situ-Schutz" für Arten, Populationen sowie Ökosysteme (in Form beispielsweise von finanzieller Unterstützung oder beratender Tätigkeit).[3] Wo dies vor Ort an fehlenden institutionellen Ansprechpartnern scheitert (vom Arten- und Naturschutz innerhalb der Territorien sogenannter „failed states" ganz zu schweigen), scheint es sinnvoll, die ‚zweitbeste Lösung' zu verfolgen, indem außerhalb der Herkunftsgebiete stabile, sich selbst erhaltende Populationen betroffener Arten im Zoo gepflegt werden. Weiterhin ist die durch Zoos und Aquarien weltweit unterstützte Forschung ein erklärtes Ziel und wichtiger Bestandteil von Naturschutz.[4] Eine Integration in die Forschungsgemeinschaft ermöglicht Wissenschaftlern Zugang zu Tierbeständen, die unter kontrollierten Bedingungen beobachtet oder in Experimente eingebunden werden können, sowie zu Datenbanken, die beispielsweise Informationen über Populationsentwicklungen vieler vergangener Jahrzehnte beinhalten. Auch Schutzmaßnahmen „in situ", also in den natürlichen Verbreitungsgebieten der betroffenen Tierarten, können von den in Zoos über Jahrzehnte gemachten Erfahrungen profitieren.
Die Welt-Zoo-Naturschutzstrategie spricht im oben ausgeführten Sinne von vier Grundpfeilern in der Ausrichtung moderner

2 Darauf aufbauend, veränderten Herausforderungen begegnend und zugleich neue Wege zur Unterstützung von Naturschutzaktivitäten aufzeigend, entstand gut zehn Jahre später das Nachfolgedokument, die Welt-Zoo- und Aquarium-Naturschutzstrategie. Weltverband der Zoos und Aquarien WAZA (Hrsg.): *Zoos und Aquarien für Naturschutz. Die Welt-Zoo- und Aquarium-Naturschutzstrategie.* Bern: o.V. 2005.

3 Ebd., S. 9, 14–19.

4 Ebd., S. 20–27.

Zoologischer Gärten: Sie sollen Stätten der Erhaltungszucht, der Bildung, der Forschung und auch der Erholung sein.

In der tierethischen, umso mehr noch in der *Tierrechts*debatte, sind diese Postulate umstritten.[5] Wird der Gedanke der Erhaltungszucht außerhalb der natürlichen Ökosysteme grundsätzlich als legitim toleriert, erfolgt dennoch oftmals der Verweis auf „Zuchtzentren", die unter Ausschluss der Öffentlichkeit wünschenswerter seien als „konventionelle Zoos".[6] Die drei übrigen „Grundpfeiler" der Ausrichtung Zoologischer Gärten werden in der Tierschutzdebatte zumeist noch deutlicher abgelehnt. Der Zoo als „Erholungsraum" für (großstädtische) Menschen kann recht eindeutig als Befriedigung eines anthropozentrischen Bedürfnisses gegenüber nichtmenschlichen Tieres betrachtet werden;[7] der Bildungs- und Forschungsnutzen Zoologischer Gärten wird oftmals nicht anerkannt.[8]

Vertieft man die Frage nach der Legitimation Zoologischer Gärten, sind der Standpunkt innerhalb der Debatte und paradigmatische Entscheidungen von Bedeutung: Im tierethischen Diskurs seit Peter Singer und Tom Regan vorherrschende pathozentrische Positionen lassen sich kaum mit der Haltung von Tieren im Zoo vereinbaren.

Grundsätzlich von Bedeutung ist, dass ein Großteil der tierethischen Debattenbeiträge den Fokus auf das Tier als Individuum, den Tierschutzgedanken, richtet. Wenn die Welt-Zoo-Naturschutzstrategie und auch dieser Beitrag vom Artenschutz sprechen, so liegt in dieser differierenden Formulierung ein paradigmatischer Unterschied: In den Blick genommen wird dann nicht ausschließlich das nichtmenschliche Tier als Individuum, sondern der Schutz von Arten und Populationen, allgemein gesprochen der Erhalt von Biodiversität.[9]

5 Z. B. Colin Goldner: Das sogenannte „Vier-Säulen-Konzept": Bildung, Artenschutz, Forschung und Erholung. Wie heutige Zoos ihre Existenz rechtfertigen. In: *TIERethik* 9 (2014), S. 56–70.

6 Dale Jamieson: Gegen Zoologische Gärten. In: Peter Singer (Hrsg.): *Verteidigt die Tiere. Überlegungen für eine neue Menschlichkeit.* Wien: Neff 1986, S. 164–178, hier S. 176.

7 Ebd., S. 168.

8 So formuliert Jamieson, dass beide Aufträge in der Regel von den Zoos ohnehin kaum wahrgenommen würden. Forschung anhand von Zootieren wird als nicht zulässig, weil nicht auf ‚echte' Wildtiere übertragbar deklariert. Ebd., S. 170.

9 Vgl. Clemens Wustmans: Zur ethischen Kontroverse der Zootierhaltung. In: Traugott Jähnichen / Clemens Wustmans (Hrsg.): *Tierethik. Biblisch-historische Grundlagen – normative Perspektiven – aktuelle Herausforderungen.* Kamen: Spenner 2012, S. 72–88.

Die geschilderten Schwierigkeiten, Tierhaltung im Zoologischen Garten auf der Grundlage einer am Individualtierschutz orientierten Ethik zu legitimieren, implizieren selbstverständlich nicht, dass Tierschutz für den Zoo keine Rolle spiele. Bei aller Fokussierung auf den Arten- und Naturschutz ist auch das Wohl des Individuums, des dem Zoo anvertrauten Tieres, zu berücksichtigen.[10]

Der Wegfall absoluter Prinzipien, die allein ethisches Handeln legitimieren, führt dagegen im Sinne einer Verantwortungsethik[11] zu einer Orientierung des Handelns an den Handlungsfolgen und vor allem der konkreten Situation. In diesem Sinne ist die Bedeutung des Zoologischen Gartens als Ort des Artenschutzes in Form von Erhaltungszucht „ex situ" deutlich anders zu beurteilen als im Sinne einer (radikaleren?) Tierschutzethik. Überall dort, wo politisch instabile Verhältnisse, militärische Unruhen oder humanitäre Probleme einen effektiven Artenschutz vor Ort unmöglich machen, ist der Zoo – durchaus im Bewusstsein, dass Schutzmaßnahmen in den natürlichen Verbreitungsgebieten stets die optimale Lösung wären – gewissermaßen das ‚kleinere Übel', es ist das ‚relativ Gute', das dem ‚relativ Schlechten', im Beispiel dem weiteren Schwinden bzw. der vollständigen Ausrottung der Art, vorzuziehen ist.

Auf den ersten Blick scheint man Vertretern des Individualtierschutzes jedoch zustimmen zu müssen, dass, wenn eine Erhaltungszucht „ex situ" notwendig sein sollte, diese tierethisch legitimiert genauso

10 Auch dies wird in der Welt-Zoo-Naturschutzstrategie zum Ausdruck gebracht, nicht ohne jedoch auf die Problematik möglicher Interessenskonflikte zu verweisen. WAZA (Hrsg.): *Die Welt-Zoo- und Aquarium-Naturschutzstrategie*, S. 61. Konkrete Entscheidungen im Umgang mit dem in Menschenhand lebenden Wildtier fallen auf Basis eines verantwortungsethischen Modells anders aus, als es eine am Individualtierschutz orientierte Ethik fordern würde: Wird ein Individuum an der Fortpflanzung gehindert, um die genetische Variabilität der Gesamtpopulation möglichst breit zu halten, ist derartiges Handeln nicht prinzipiell auszuschließen. Gleiches gilt gar in Extremfällen, beispielsweise im Hinblick auf das Problem der Euthanasie. Diese kann in Ausnahmefällen – abhängig auch von den rechtlichen und kulturellen Grundlagen des jeweiligen Staates – sinnvoll für das Populationsmanagement sein. Vgl. Götz Hildebrandt: *Individualtierschutz contra Arterhaltung. Das Dilemma der überzähligen Zootiere*. Münster: Schüling 2012.

11 Eingeführt wird der Begriff durch Max Weber: *Politik als Beruf*, München / Leipzig: Duncker & Humblot 1919; theologisch-ethische Relevanz erfährt er durch Dietrich Bonhoeffer: *Ethik*, hrsg. von Ilse Tödt. München: Kaiser 1949; eine Verbindung zwischen dem Modell der Verantwortungsethik und einer am Schutz von Biodiversität orientierten Position bietet Clemens Wustmans: *Tierethik als Ethik des Artenschutzes. Chancen und Grenzen*. Stuttgart: Kohlhammer 2015.

gut oder gar besser in für die Öffentlichkeit nicht zugänglichen Zuchtstationen erfolgen sollte. Auch ein Forschungsauftrag, der den im Freiland lebenden ‚Artgenossen' zugutekommt, wäre in derartigen Einrichtungen realisierbar. Die anthropozentrische Ausrichtung des Zoos als Erholungsraum braucht kaum näher diskutiert werden.

Bleibt die Rolle Zoologischer Gärten als Bildungsfaktor; neben seiner sozialen und kulturellen Bedeutung ist die Übernahme der Bildungsaufgabe auch für den Naturschutz im Sinne von Information und Sensibilisierung der Öffentlichkeit wichtig.[12] Der Bildungsaspekt umfasst auch konkret den Zoo als Lernort (nicht nur für Schulklassen): Wenn die enorme Anziehungskraft lebendiger nichtmenschlicher Tiere und deren sinnliche Wahrnehmung genutzt wird, ein Bewusstsein für den Platz des Menschen in der Natur und ein Verständnis für die Bedeutung des Naturschutzes im täglichen Leben zu schaffen, können Menschen durch das unmittelbare Erleben der Tiere für diese begeistert und für ihren Schutz gewonnen werden. Aus einer ethischen Perspektive, die dezidiert nichtmenschliche Tiere als Teil der „moral community" begreift, scheint dieser Bildungsaspekt der argumentative Schlüssel zu sein, Zoologische Gärten im Sinne des Arten- und Naturschutzes positiv zu würdigen.

Letztlich ist sinnvoller Arten- und Naturschutz nur dann möglich, wenn möglichst breite Bevölkerungsschichten seinen Belangen aufgeschlossen gegenüberstehen. Beachtet man zusätzlich, dass der Zoo als ‚Freizeitangebot' einen Querschnitt aus Angehörigen nahezu aller gesellschaftlichen Schichten erreicht und diese den Zoo überdies in ihrer Freizeit besuchen,[13] also ‚freiwillig' und nicht unter den Voraussetzungen einer ‚Belehrung', darf der Bildungsaspekt als wichtiger Bestandteil natur- und artenschützender Maßnahmen, wie er im Zoologischen Garten zum Tragen kommt, in seiner Bedeutung nicht vernachlässigt werden. Wo schmelzende Eisberge, abgeholzte tropische Regenwälder und Feinstaubbelastungen eher abstrakte Bedrohungsszenarien darstellen, ermöglichen Zoos ein unmittelbares Erleben nichtmenschlicher Tiere als den Leidtragenden von Umweltzerstörung.

12 WAZA (Hrsg.): *Zoos und Aquarien für Naturschutz. Die Welt-Zoo- und Aquarium-Naturschutzstrategie*, S. 35–41.

13 Ebd., S. 39.

Bleibt die grundsätzliche Kontroverse im Hinblick auf die Zootierhaltung: Ob man von „Gefangenschaft“ oder von einem Leben „in Menschenhand“ spricht, nichtmenschliche Tiere erhalten im Zoo einen abgegrenzten, vom Menschen definierten Raum zum Leben.

Ein grundständiges Problem ist in diesem Zusammenhang wohl das Postulat der ‚Freiheit‘, das für wild lebende nichtmenschliche Tiere aufgestellt wird. In der sogenannten „freien Wildbahn“ leben die meisten Tiersozietäten in einem Territorium, das sie gegenüber Artgenossen verteidigen und freiwillig nicht verlassen.[14] Dies macht eine Titulierung von Zootieren als „Gefangene“ problematisch: Wenn eine Antilope, die ohne Weiteres Sprünge von zehn Metern Weite ausführen kann, hinter einem Graben von zwei Metern in ihrem ‚Ersatzterritorium‘ verbleibt, zeigt sich, dass ein menschliches Verständnis vom ‚Freiheitsdrang‘ nur schwerlich auf nichtmenschliche Tiere, denen letztlich auch jede Vorstellung eines Strafvollzugs fremd ist, zu übertragen ist.[15]

Nicht bestritten werden kann, dass die Haltung von Tieren in Zoologischen Gärten niemals eine vollständige Nachahmung natürlicher Lebensumstände sein kann: Feindvermeidung und Futtersuche entfallen unter den Bedingungen eines Zoogeheges zumeist. Sinnvolle, möglichst naturalistische Verhaltensanreicherungen zu entwickeln, muss daher eine wichtige Aufgabe für Tiergärtner sein, kann jedoch immer nur Kompromiss und Ersatz bleiben. All dies muss Gegenstand der Güterabwägung sein. Ein auf dem Verantwortungsprinzip basierendes Modell von Tierethik schafft so einen Rahmen, in dem Zootierhaltung als Beitrag zum Natur- und Artenschutz betrachtet werden kann. Die positive Gewichtung der Haltung nichtmenschlicher Tiere im Zoologischen Garten im Rahmen einer Güterabwägung scheint dann möglich, wenn Bildungsbemühungen um eine Sensibilisierung breiter Bevölkerungsschichten für diese Belange in die Begründungszusammenhänge einbezogen werden.

Es gilt jedoch zu diskutieren, ob nicht auch dieses Bildungsmoment außerhalb des Zoologischen Gartens ethisch vertretbarer erfüllt

14 Christian R. Schmidt.: Heimtier, Nutztier, Zootier. Probleme der Tierhaltung. In: Gotthard Fuchs / Guido Knörzer (Hrsg.): *Tier, Gott, Mensch. Beschädigte Beziehungen.* Frankfurt am Main: Lang 1998, S. 109–116, hier S. 114.

15 Ebd.

werden kann: Auf den ersten Blick erscheint so der Kontakt zu nichtmenschlichen Tieren in deren ‚natürlichem Lebensraum', im Rahmen des Ökotourismus, als die ethisch bessere Alternative.

## Ökotourismus: Das Beispiel der Berggorillas in Ruanda

Wo nachhaltiger Ökotourismus auf die Beobachtung von Tieren abzielt, ist ihm jedoch stets auch eine Beeinflussung des Tiers zu attestieren, die bereits in der grundsätzlichen Anwesenheit des Menschen in seinem Habitat beginnt. Der Argumentation des konsequenten Tierschutzgedankens folgend, muss man ihn daher ablehnen; nach pathozentrischer Argumentation wäre zumindest für höhere Säugetiere ihre Präferenz auf ein ungestörtes Leben höher zu werten als das Interesse des Menschen an der Beobachtung. Noch deutlicher ins Gewicht fällt die potenzielle Gefahr durch vom Menschen in das Ökosystem eingebrachte Infektionskrankheiten. Nach dem Maßstab der Verantwortungsethik ist jedoch eine sorgfältigere Abwägung dieser Form des Mensch-Tier-Kontakts vorzunehmen.

Der Berggorilla ist eine bedrohte Unterart des Östlichen Gorillas, die nur in einem kleinen Gebiet der Grenzregion von Ruanda, Uganda und der Demokratischen Republik Kongo überlebt hat. Auch hier ist ihr Vorkommen heute ausschließlich auf wenige Nationalparks beschränkt, deren Fortbestand vor allem im Kongo kaum als sicher gelten kann. Schon seit den 1950er Jahren wurde der Bestand der verbliebenen Berggorillas auf nur noch wenige hundert Tiere geschätzt, die IUCN listet den Berggorilla als akut vom Aussterben bedroht.[16]

Der politisch stabilste Teil des den Berggorillas verbliebenen Lebensraums liegt heute im Nordwesten Ruandas. Dieser Staat, in den 1990er Jahren Schauplatz des wohl ungeheuerlichsten Völkermords seit der Shoa,[17] kann zwanzig Jahre später im Gegensatz zum Nachbarstaat Kongo als eine der stabilsten (Präsidial-)Demokratien Afrikas gelten. Tourismus ist hier nicht nur denkbar, sondern wird, explizit auf

16 Gorilla beringei beringei in der Roten Liste der gefährdeten Arten der IUCN. http://www.iucnredlist.org/details/39999/0 (Zugriff am 30.11.2014).

17 Für eine ausführliche Diskussion der Folgen des Genozids für Kirche, Theologie und Gesellschaft in Ruanda vgl. Pascal Bataringaya: *Versöhnung nach dem Genozid. Impulse der Friedensethik Dietrich Bonhoeffers für Kirche und Gesellschaft in Ruanda.* Kamen: Spenner 2012.

das ‚Alleinstellungsmerkmal' der Gorillas ausgerichtet, auch gezielt gefördert.

Berggorillas waren die ersten Gorillas, deren Lebensweise durch langjährige Studien im Freiland erforscht wurde. Diese begannen 1959 mit dem US-amerikanischen Biologen George Schaller, ab 1967 nahm Dian Fossey ihre fast zwei Jahrzehnte dauernde Forschungstätigkeit auf. Ihr Leben, ihr Einsatz für die Berggorillas sowie ihre Ermordung 1985 wurden durch den Film *Gorillas im Nebel* (USA 1988) einer breiteren Öffentlichkeit bekannt. Diese starke mediale Präsenz muss als einer der entscheidenden Faktoren für das massive Interesse an Freilandbeobachtungen von Berggorillas gesehen werden.

Berggorillas müssen nach pathozentrischen Kriterien in jedem Fall als Personen respektive „moral agents"[18] eingestuft werden. Eine Einschränkung ihrer natürlichen Entfaltung durch den Tourismus wäre daher grundsätzlich abzulehnen. Die dem Menschen auferlegten Beschränkungen beim sogenannten „Gorilla-Trekking" – der „Besuch" von Touristen ist beispielsweise auf die Dauer einer Stunde pro Tag limitiert und erfolgt in Form einer Wanderung, die so möglichst geringen Einfluss auf den Lebensraum der Tiere nimmt – würden von Vertretern individuell zuschreibbarer Tierrechte auf Grund des Postulats der schwerer wiegenden Präferenz der Gorillas für ein ungestörtes Lebens wohl nicht als ausreichend akzeptiert werden. Noch gravierenderes Argument gegen einen „Gorilla-Tourismus" muss im Sinne allein auf das Individualwohl der Tiere ausgerichteter Ansätze die potenzielle Gefahr vom Menschen eingeschleppter Krankheitserreger sein, die den uns genetisch nahestehenden Primaten gefährlich werden können.[19]

Aus Sicht der Verantwortungsethik ist eine differenziertere Bewertung vorzunehmen. Der Schutz der Individuen ist auch in diesem Fall ein zweifelsfrei hoch anzusiedelndes ethisches Gut. Zugleich muss jedoch im Hinblick auf den Erhalt von Biodiversität bedacht werden, dass ein Arterhalt der Berggorillas ausschließlich in dem

18 Das Konzept der Unterscheidung von „moral agents" und „moral patients" entwirft Tom Regan: *The Case for Animal Rights*. Berkeley: University of California Press 1983.

19 Vgl. National Geographic: Mountain Gorillas Death Linked to Human Virus. http://newswatch.nationalgeographic.com/2011/03/29/mountain-gorilla-deaths-linked-to-human-virus/ (Zugriff am 30.11.2014).

beschriebenen, geographisch eng umgrenzten Gebiet der Virunga-Vulkane möglich ist. Hier aus Perspektive des saturierten Westeuropäers Maximalforderungen aufzustellen (etwa, dass der Erhalt eines Tiers wie des Berggorillas und seines Lebensraums als ‚Naturerbe' doch selbstverständliches, hochrangiges Ziel politischen Handelns sein müsse), scheint angesichts der Lebenswirklichkeit für einen Großteil der Bevölkerung der entsprechenden Länder – Ruanda, Uganda und Kongo – beinahe zynisch. In dieser Konfliktsituation stellt sich der Ökotourismus als zu erwägende Alternative dar. Die vom Bundesamt für Naturschutz formulierte Idealform[20] benennt verschiedene Aspekte: Der auf das Erleben der Gorillas zielende Tourismus bietet zunächst einmal den meist aus Europa oder Nordamerika stammenden Besuchern ein Naturerlebnis, das weitgehend an der Einhaltung von Nachhaltigkeitskriterien ausgerichtet wird. Dieses Naturerlebnis gestaltet sich derart exklusiv, dass Touristen bereit sind, entsprechende Aufwendungen zu tragen: Ein einstündiger Aufenthalt bei den Berggorillas im Vulcanoes National Parc in Ruanda ist mit Kosten von 800 US-Dollar verbunden, die darüber hinaus in das Land gelangenden Geldströme für Transport, Unterkunft, Verpflegung und touristisches ‚Rahmenprogramm' nicht eingerechnet. Auf dieser finanziellen Basis können im Volcanoes National Parc nicht nur Infrastrukturmaßnahmen finanziert und Ranger ausgebildet und bezahlt werden – sie muss schlicht als Grundlage für das Bestreben betrachtet werden, die Gorillas *überhaupt* zu erhalten, statt ihren verbliebenen Lebensraum als landwirtschaftliche Fläche urbar zu machen.

Während Dian Fossey zu Lebzeiten auch dadurch in massive Konflikte mit der ruandischen Regierung und der lokalen Bevölkerung geriet, dass sie den Tourismus im Nationalpark vollständig verhindern wollte, kann dieser als überzeugendes Argument für den Schutz der Biodiversität des Parks gegenüber den Ortsansässigen herangezogen werden.

20 „Als Idealform, sofern man diesen Begriff überhaupt verwenden will, sollte es sich bei ‚Ökotourismus' um eine auf naturnahe Gebiete ausgerichtete, ökologisch verträgliche, Naturerlebnis bietende und Naturverständnis fördernde Reiseform handeln, die zudem zur Erhaltung von Natur und Kultur beiträgt und dabei noch wirtschaftlich sinnvoll und vorteilhaft für die lokale Bevölkerung ist." (Bundesamt für Naturschutz: Ökologischer Tourismus. http://www.bfn.de/0323_iyeoeko.html (Zugriff am 30.11.2014).)

Als weiterer Aspekt muss in Analogie zu der hergeleiteten Legitimität der Tierhaltung im Zoologischen Garten auch für den Gorilla-Tourismus in Ruanda in die abwägende Erörterung einbezogen werden, dass dieser eine Form naturkundlicher Bildung darstellt. Im Sinne der vom Bundesamt für Naturschutz geforderten Idealform des Ökotourismus wird die Beobachtung der Berggorillas in ihrem natürlichen Habitat so nicht nur zu einem Naturerlebnis, sondern auch zu einer das Naturverständnis fördernden Sensibilisierung.

In Abwägung beider Faktoren, der Legitimation des Arten- und Biotopschutzes gegenüber der lokalen Bevölkerung und der Übernahme von Bildungs- und Sensibilisierungsprozessen, sind die sich durch den Tourismus ergebenden individuellen Einschränkungen der Berggorillas im Hinblick auf ihren Nutzen für die Erhaltung der gesamten (Unter-)Art und des Ökosystems, für das sie als „flagship species" stehen, als das ‚geringere Übel' anzusehen. Eine Verantwortungsethik muss diese Form der Begegnung zwischen Mensch und Tier also im Gegensatz zu pathozentrisch begründeten Formen der Tierethik nicht ablehnen.

### Vergleichende Güterabwägung

Vergleichend lässt sich feststellen: Je nach Selbstverortung in der tierethischen Debatte sind beide vorgestellten Möglichkeiten des Mensch-Wildtier-Kontakts auf Grund der nicht zu vermeidenden Auswirkungen auf das nichtmenschliche Gegenüber entweder gleichsam abzulehnen oder in ähnlichem Maße quasi ‚unter Auflagen' akzeptabel. Abschließend soll geklärt werden, ob einer der beiden Alternativen der Vorzug zu geben ist.

Auch wenn die Tierbeobachtung im Rahmen des Ökotourismus auf den ersten Blick als die ethisch ‚bessere', weil das nichtmenschliche Tier in seiner ‚natürlichen' Umgebung belassende Variante erscheint, muss konstatiert werden: Einschränkungen und Beeinflussungen geschehen gleichwohl auf beiden Wegen des Kontakts. Die Zugänglichkeit zum Ökotourismus, der tatsächlich den Kriterien der Nachhaltigkeit Rechnung trägt, ist limitiert – und auch dann sollte man nicht verschweigen, dass auch der Flug beispielsweise nach Zentralafrika bilanziert werden muss. Wo sich die Zugänglichkeitsparameter im Vergleich zum vorgestellten Beispiel der Berggorillas in Ruanda verschieben, wiegen auch die negativen Folgen für die nichtmenschlichen

Tiere umso schwerer.[21] Große Besuchermassen in deutlich größerer sozialer Breite zu erreichen, gelingt den Zoologischen Gärten. Auch wenn die Haltung des nichtmenschlichen Tiers im umgrenzten Raum des Zoos zunächst scheinbar schwerer wiegt, scheint jenseits von Kategorien wie ‚Freiheit' und ‚Selbstbestimmtheit' des Individuums die Bevorzugung einer Variante kaum argumentativ unterfüttert.

21 Mindestens zwölf Millionen „Whale Watcher" beeinflussen kurz- und langfristig neben der Gefahr der Kollision mit Booten Delphine und Wale weltweit in deutlich beträchtlicherem Umfang. Vgl. Eric Hoyt: *Whale Watching 2001: Worldwide Tourism Numbers, Expenditures, and Expanding Socioeconomic Benefits*. Yarmouth Port, MA: International Fund for Animal Welfare 2001, S. i–iv.

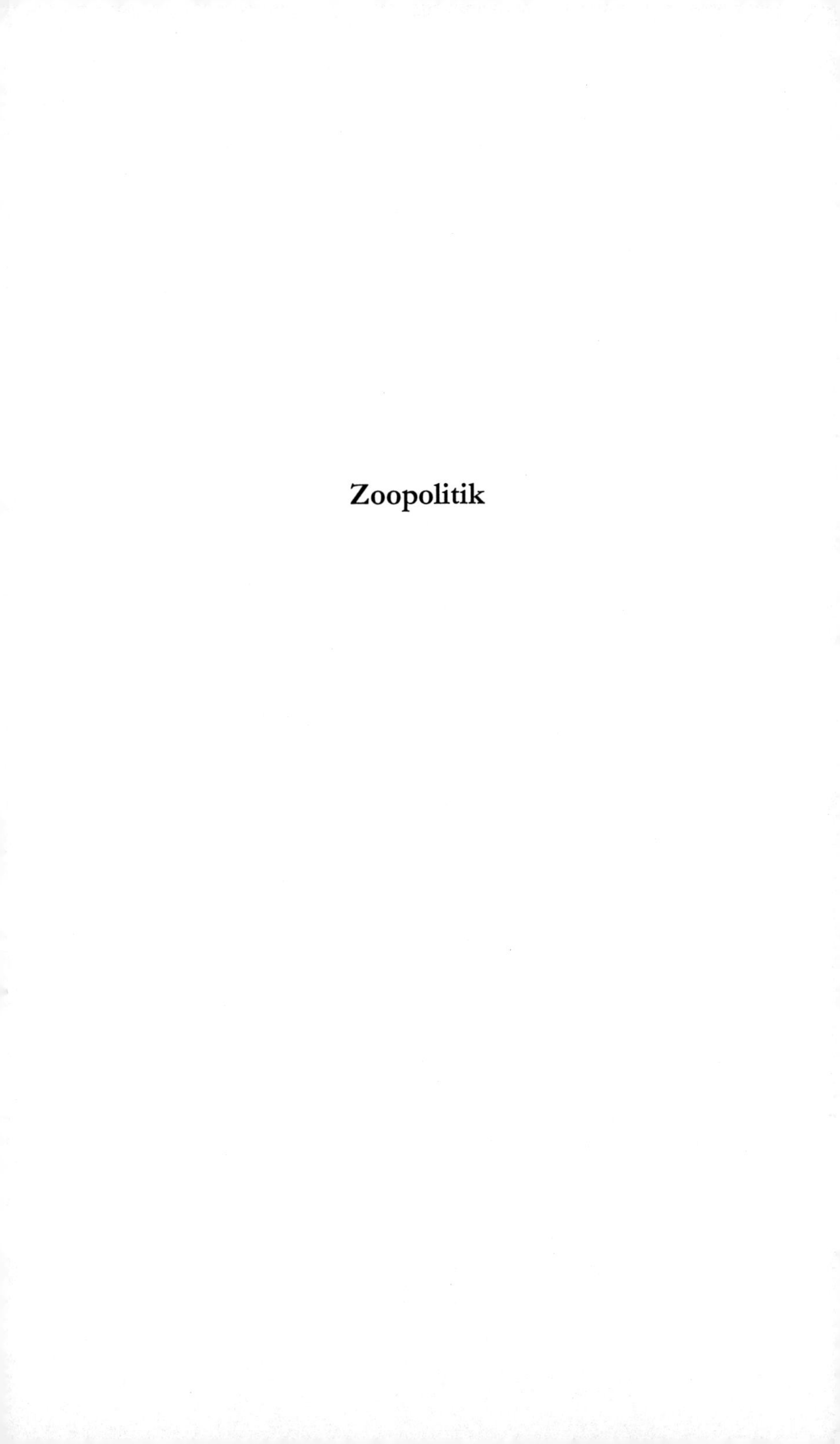

# Zoopolitik

# Kultur im Zoo

## Von Menschenzoos und Völkerschauen

Jan Erik Steinkrüger

### 1 Human Zoos

Anscheinend wirkt es noch immer provokant, wenn Freiwillige für kurze Zeit in die Rolle eines Zootieres schlüpfen und in einem Gehege leben oder wie im Falle Paul Huttons im Londoner Zoo 2009 für einen Monat in dem Projekt *Room with a Zoo* in einem ‚Menschenhabitat' den neugierigen Blicken der Zoobesucher präsentiert werden.[1] Was daran irritiert, ist nicht nur die grundsätzliche Verbindung von Mensch und Zoo – in humanistischer Tradition erscheint dies doch noch immer als Widerspruch –, sondern auch der darin verwirklichte *zoological gaze*[2], den wir zwar nichtmenschlichen Tieren im Zoo zumuten, aber eben keinem Menschen. Diese Events inszenieren ein asymmetrisches Blickregime, in welchem der Betrachtete einem im Käfig gehaltenen Tier gleich ohne Rückzugsmöglichkeiten dem hegemonialen Blick des Betrachtenden ausgeliefert ist. Die gesellschaftspolitische Aussage hinter solchen Menschenzoos mag zwischen einer Kritik an Haltungsbedingungen von Tieren, insbesondere von Menschenaffen, und dem didaktischen Ziel variieren, sich der grundsätzlichen Verwandtschaft mit den anderen Spezies gewahr zu werden.

In vielen Sprachen, insbesondere im Englischen und Französischen, werden nicht nur solche Events, sondern auch jene Veranstaltungen vor allem des späten 19. und frühen 20. Jahrhunderts als ‚Menschenzoos' (Englisch: *human zoo*, Französisch: *zoo humain*) bezeichnet, bei denen als ‚ethnisch anders' etikettierte Menschen einem meist zahlenden Publikum präsentiert wurden. Im Gegensatz dazu hat sich hierfür im Deutschen der Begriff ‚Völkerschauen' etabliert. Im nun Folgenden werde ich in einem ersten Schritt die Völkerschauen

1 Picture of the day: 22 May 2009. http://www.telegraph.co.uk/news/picturegalleries/picturesoftheday/5367522/Pictures-of-the-day-22-May-2009.html?image=2 (Zugriff am 07.01.2015).

2 Vgl. Adrian Franklin: *Animals and Modern Cultures. A Sociology of Human-Animal Relations in Modernity.* London: Sage 1999.

vor allem Carl Hagenbecks vorstellen und in einem zweiten Schritt anhand dessen die beiden Begriffe ‚Menschenzoo' und ‚Völkerschau' sowie ihre jeweiligen Implikationen diskutieren, um nach den Nachfahren der historischen Völkerschauen in den heutigen Zoologischen Gärten zu suchen. Denn m. E. ist es weniger die Darstellung von Menschen als Repräsentanten der Spezies Homo Sapiens, sondern die Darstellung von Menschen und menschlichen Artefakten als Repräsentanten bestimmter ‚Völker' und ‚Kulturen', die noch heute diese Tradition fortschreibt.

## 2 Hagenbecks Völkerschauen

Nach der Erzählung des Tierhändlers und späteren Zoodirektors Carl Hagenbeck und auch seines Freundes, des Tiermalers Heinrich Leutemann, entstand die Idee einer ersten Völkerschau Hagenbecks 1874 aus einem gemeinsamen Briefwechsel über eine Rentierlieferung. Leutemann brachte darin die Idee auf, dass es von großem Interesse sein müsse, wenn man diese Rentiere durch eine ‚Lappländerfamilie' samt Hausrat begleiten ließe.

> Was dem Künstler in seinem Brief vorschwebte, war sicherlich nur das malerische nordische Bild, das er sich nur in abgeschlossener Vollkommenheit mit Menschen und Tieren und womöglich einem winterlichen Hintergrund vorzustellen vermochte. In diesem Vorschlag aber war schon die glückliche Idee der Völkerausstellungen, die sich in den nächsten Jahren wie eine bunte Kette aneinanderreihten, verborgen.[3]

Auch wenn Hagenbeck und Leutemann in ihren Schilderungen den Eindruck vermitteln, die Völkerschauen seien ihre Erfindung, ist davon auszugehen, dass ihnen ähnliche Zuschaustellungen bekannt gewesen sein dürften. So hatte Leutemann erst kurz vor Hagenbecks ‚Lappländergruppe' eine ähnliche Schau von Böhle und Emma Willardt in Berlin besichtigt.[4] Zudem liegt nahe, dass Hagenbeck bereits als Zehnjähriger mitbekommen haben dürfte, dass A. T. Caldecott mit einer ‚Zulutruppe' 1854 in Hagenbecks Heimatort St. Pauli

3 Carl Hagenbeck: *Von Tieren und Menschen*. Berlin: Vita 1909, S. 80. Ähnlich beschreibt Leutemann die Situation in seiner Hagenbeck-Biographie, verschiebt den Briefwechsel allerdings in das Jahr 1875: Heinrich Leutemann: *Lebensbeschreibung des Thierhändlers Carl Hagenbeck*. Hamburg: Selbstverlag Carl Hagenbeck 1887, S. 48.

4 Vgl. Anne Dreesbach: *Gezähmte Wilde. Die Zurschaustellung „exotischer" Menschen in Deutschland 1870–1940*. Frankfurt am Main: Campus 2005, S. 47.

gastiert hatte.[5] Interessant ist auch, dass William Bullock eine der Hagenbeck'schen Schau recht ähnliche Inszenierung einer ‚Lappländerfamilie' samt Rentieren und Hausrat in seinem London Museum bereits im Jahr 1822 präsentiert hatte.[6] Auch wenn es nicht Hagenbecks eigene Idee war, können seine Völkerschauen dennoch als Idealbeispiel eines eigenen Genres der Zurschaustellungen von ‚Fremden' gedeutet werden, das sich als Wandel vom *festival* – dem feierwerten Anlass – zum *spectacle* – dem sehenswerten Anlass[7] – oder als Übergang von Schaulust und Vergnügen – der *Schau* – zur wissenschaftlichen und bildenden Auseinandersetzung – der *Beobachtung*[8] – interpretieren lässt.

Zurschaustellungen von Menschen als ‚Exoten' waren bereits seit dem 17. Jahrhundert auf Volksfesten verbreitet.[9] Als Teil des Schaustellergewerbes haftete ihnen jedoch häufig der Verdacht des Betrugsgeschäftes an. Es fanden sich gelegentlich Verdachtsfälle angemalter ‚Neger' und falscher ‚Menschenfresser'.[10] Einzelne Schausteller versuchten diesem Vorwurf zu entgehen, indem sie sich die ‚Echtheit' von Wissenschaftlern bescheinigen ließen. Wie Werner Michael Schwarz betont, löste dies die eigentliche Problematik allerdings nur bedingt. So war es nicht allein die Skepsis gegenüber dem Schaustellergewerbe, sondern eine grundsätzliche Kritik an deren Darstellungsform seitens des Bildungsbürgertums, die nach einer neuen Art der Vermittlung verlangte. Denn dieses Bildungsbürgertum wollte nicht

5 Vgl. Hilke Thode-Arora: *Für fünfzig Pfennig um die Welt. Die Hagenbeckschen Völkerschauen.* Frankfurt am Main: Campus 1989, S. 21. Caldecott war einer der ersten, der bei der Inszenierung auch auf mechanisch wechselnde Bühnenbilder setzte; vgl. Bernth Lindfors: Charles Dickens and the Zulus. In: Ders. (Hrsg.): *Africans on Stage. Studies in Ethnological Show Business.* Bloomington: Indiana UP 1999, S. 62–80, hier S. 64.

6 Vgl. Stephan Oettermann: *Das Panorama. Die Geschichte eines Massenmediums.* Frankfurt am Main: Syndikat 1980, S. 74; Lothar Dittrich / Annelore Rieke-Müller: *Carl Hagenbeck (1844–1913). Tierhandel und Schaustellungen im deutschen Kaiserreich.* Frankfurt am Main: Lang 1998, S. 181–182.

7 Vgl. Stefanie Wolter: *Die Vermarktung des Fremden. Exotismus und die Anfänge des Massenkonsums.* Frankfurt am Main: Campus 2005, S. 94–102.

8 Vgl. Werner Michael Schwarz: *Anthropologische Spektakel. Zur Schaustellung „exotischer" Menschen, Wien 1870–1910.* Wien: Turia + Kant 2001, S. 34.

9 Vgl. Wolter: *Die Vermarktung des Fremden*, S. 89–90.

10 Siehe dazu Stephan Oettermann: Fremde. Der. Die. Das. Völkerschauen und ihre Vorläufer. In: Lisa Kosok / Mathilde Jamin (Hrsg.): *Viel Vergnügen. Öffentliche Lustbarkeiten im Ruhrgebiet der Jahrhundertwende.* Essen: Pomp 1992, S. 80–100, hier S. 91.

nur die ‚Fremden' bestaunen, sondern (wissenschaftlich) beobachten können[11]. Im Gegensatz dazu erreichte Hagenbeck eine bildungsbürgerliche Akzeptanz, indem er die Zurschaustellung der ‚Fremden' durch die Wahl der Bezeichnungen und der Orte, die Form der Inszenierung sowie die Zusammenarbeit mit wissenschaftlichen Institutionen in der Nähe von Bildung und Wissenschaft positionierte.

Hagenbeck bezeichnete seine Völkerschauen als „anthropologisch-zoologische" oder „ethnologisch-zoologische Ausstellung", was seine Schauen bereits terminologisch in den Bereich der Wissenschaft rückte. Es bedurfte also nicht mehr der wissenschaftlichen Anerkennung, sondern die ‚Ausstellungen' besaßen von sich aus wissenschaftlichen Anspruch. Ähnlich stand die zumindest idealtypische Wahl der Ausstellungsorte mit Zoologischen Gärten, Weltausstellungen oder Ausstellungshallen für dieses Selbstverständnis.[12]

Auch in ihrer Größe und Zusammensetzung unterschieden sich seine Völkerschauen von den auf Jahrmärkten üblichen Schauen von meist ein oder zwei ‚Exoten'. Mit teils mehr als siebzig Mitwirkenden und einer größeren Anzahl von Tieren bedurften die Schauen großer Areale, auf denen neben Hütten und Kulissen ganze Tempel und Bazare aufgebaut wurden. Schon der Einmarsch einer solchen Gruppe in eine Stadt musste beeindruckend gewirkt haben und wurde entsprechend auch für die Bewerbung der Völkerschauen genutzt. Hagenbeck legte zudem gesteigerten Wert auf die Zusammensetzung der Gruppen. Auch Frauen, Alte und Kinder gehörten den Gruppen an, um ein möglichst ‚authentisches' Alltagsleben zeigen zu können.[13]

Der Anspruch der ‚Authentizität' war jedoch das wichtigste Moment, das die Schauen Hagenbecks von seinen Vorgängern unterschied.[14] Auch frühere Zurschaustellungen ließen sich zwar bereits die (anthropologische) ‚Echtheit' der Zurschaugestellten beglaubigen, für Hagenbeck war jedoch wichtig, dass sie sich auch (ethnologisch) ‚authentisch' verhielten.[15] Aus diesem Grund war die Inszenierung

11 Vgl. Schwarz: *Anthropologische Spektakel*, S. 34.

12 Vgl. ebd., S. 58–59.

13 Vgl. Wolter: *Die Vermarktung des Fremden*, S. 95–96, Dreesbach: *Gezähmte Wilde*, S. 48–49.

14 Vgl. Dittrich / Rieke-Müller: *Carl Hagenbeck*, S. 147.

15 Vgl. Volker Mergenthaler: *Völkerschau – Kannibalismus – Fremdenlegion. Zur Ästhetik der Transgression (1897–1936)*. Tübingen: Niemeyer 2005, S. 20–21.

des ‚Alltagslebens' neben anderen Aufführungen von zentraler Bedeutung für die Schauen. Dies wiederum führte dazu, dass sich der Tonfall der Völkerschauen gegenüber den Jahrmarktsinszenierungen ändern musste: Während auf dem Jahrmarkt der ‚gefährliche Wilde' in dunklen Zelten inszeniert wurde, um der Schau den Reiz des Grusels zu verleihen, präsentierten die Völkerschauen die friedvolle, edle Seite der ‚Wilden' bei klarer Sicht als sehenswertes Spektakel. Die Zuschauer sollten nicht vor den ‚Wilden' erschauern, sondern sie erforschen können.[16] Der Anspruch der Authentizität war es auch, der dazu führte, dass Hagenbeck bald enge Kontakte zur Berliner Gesellschaft für Anthropologie, Ethnologie und Urgeschichte und deren langjährigem Vorsitzenden Rudolf Virchow suchte und später selbst Mitglied dieses erlesenen Kreises wurde.[17]

Was den Veranstaltungsort anbelangt, so hatte Hagenbeck bei den deutschen Zoologischen Gärten zunächst wenig Erfolg. Erst nachdem er Albert Geoffroy-Saint Hilaire, den Parkdirektor des Jardin d'Acclimatation in Paris, von einer Schau überzeugen konnte und dort 1877 überwältigende Publikumserfolge erzielte, änderte sich dies. Hagenbeck selbst schreibt darüber: „Jetzt endlich, endlich begannen auch die Zoologischen Gärten in Deutschland jenen Völkerschaustellungen ihre Pforten zu öffnen. Dr. Bodinus, der ehemalige Direktor des ‚Zoos' in Berlin, vermochte nicht länger zu widerstehen."[18] Hagenbecks ‚Eskimo-Gruppe' reiste von Paris 1878 direkt nach Berlin, wo erstmals eine Völkerschau in Hagenbecks Anwesenheit von Kaiser Wilhelm I. besucht wurde.[19] Spätestens damit war es Hagenbeck gelungen, von den oberen Kreisen der Gesellschaft anerkannt zu werden. Er hatte nicht nur die Größen der Ethnologie, Anthropologie und der Zoologie von sich überzeugt, sondern auch den Kaiser.

16 Dies hatte jedoch auch Auswirkungen auf die Wahl der dargestellten Völkergruppen; vgl. Jan-Erik Steinkrüger: *Thematisierte Welten. Über Darstellungspraxen in Zoologischen Gärten und Vergnügungsparks.* Bielefeld: Transcript 2013, S. 219.

17 Vgl. Hilke Thode-Arora: Afrika-Völkerschauen in Deutschland. In: Marianne Bechhaus-Gerst (Hrsg.): *AfrikanerInnen in Deutschland und schwarze Deutsche – Geschichte und Gegenwart.* Beiträge zur gleichnamigen Konferenz vom 13.-15. Juni 2003 im NS-Dokumentationszentrum (EL-DE-Haus) Köln. Münster: LIT 2004, S. 25–40, hier S. 30.

18 Hagenbeck: *Von Tieren und Menschen*, S. 89.

19 Vgl. Dittrich / Rieke-Müller: *Carl Hagenbeck*, S. 149–151.

## 3 Auf ‚Völker' schauen

Der Begriff ‚Menschenzoo' betont den Veranstaltungsort oder suggeriert eine Darstellungsform von Menschen ‚wie Tiere im Zoo'. Der Zoo als Veranstaltungsort kann zwar als angestrebter Ort der Völkerschauen gelten, da er für die Veranstalter mit entsprechender wissenschaftlicher Anerkennung verbunden war, jedoch fanden sie nicht immer in Zoos statt. In Köln etwa gastierten alle Völkerschauen im Vergnügungsviertel außerhalb des Kölner Zoos.[20] Auch wurden die Menschen, zumindest im Falle Hagenbecks, nicht wie Tiere präsentiert oder behandelt. Er distanzierte sich sogar explizit von Impresarios, die Teilnehmende aus ihrer Heimat entführten oder misshandelten.[21] Verbindendes Elemente der Völkerschauen war also weniger der Ort als vielmehr, dass sie Zurschaustellungen von Menschen als Vertreter_innen von als ‚anders' etikettierten ‚Völkern', ‚Rassen' oder ‚Ethnien' waren, „die unter kommerziellen Gesichtspunkten zusammengestellt und als bürgerlich akzeptables Genre vermarktet wurden."[22]

Besonders deutlich wird der damit einhergehende Widerspruch zwischen Bildungsideal und ökonomischen Interesse anhand einer ‚Bella Coola'-Gruppe Hagenbecks aus Nordamerika, die, obwohl sie in der Wissenschaft als ethnologisch seriös rezipiert wurde, für Hagenbeck in einem finanziellen Misserfolg endete. Das Publikum erwartete das von Karl May bekannte Bild des ‚Prärieindianers' und entsprechend bemängelte auch die Presse, die ‚Bella Coola' seien nicht „indianisch genug" oder sogar „falsche Indianer".[23] Da Hagenbeck in erster Linie auf den Publikumserfolg und lediglich in zweiter Linie auf die Anerkennung durch die Fachwelt angewiesen war, führte dies zu einer Auswahl der Gruppen, die dargestellt wurden.[24] Das Publikum wollte kein vollkommen ‚Fremdes' erleben, sondern eine Inszenierung des

20 Vgl. Sunna Gieseke: Afrikanische Völkerschauen in Köln und ihre öffentliche Wahrnehmung. In: Marianne Bechhaus-Gerst (Hrsg.): *Koloniale und postkoloniale Konstruktionen von Afrika und Menschen afrikanischer Herkunft in der deutschen Alltagskultur.* Frankfurt am Main: Lang 2006, S. 269–283, hier S. 269.

21 Vgl. Steinkrüger: *Thematisierte Welten*, S. 225–227.

22 Wolter: *Die Vermarktung des Fremden*, S. 116.

23 Vgl. Dreesbach: *Gezähmte Wilde*, S. 190; Gabriele Eißenberger: *Entführt, verspottet und gestorben. Lateinamerikanische Völkerschauen in deutschen Zoos.* Frankfurt am Main: IKO 1996, S. 86; Wolter: *Die Vermarktung des Fremden*, S. 105–106.

24 Vgl. Thode-Arora: *Für fünfzig Pfennig um die Welt*, S. 59.

'Anderen', das bereits diskursiv aufgeladen war[25]. Völkerschauen wurden damit zu selbsterfüllenden Prophezeiungen, in denen der 'Andere' nur dann Anerkennung fand, wenn er das (Vor-)Urteil bestätigte, das sich die Besucher schon im Vorfeld von ihm gemacht hatten. Dies betraf allerdings nicht nur die Selektion der auszustellenden 'Völker', sondern auch die Auswahl der 'Exemplare', die ein 'Volk' repräsentieren sollten. Denn bei der Zusammenstellung wurde bereits darauf geachtet, dass sie dem 'rassischen Typus' bestmöglich entsprachen, um wiederum von der Wissenschaft anerkannt zu werden.[26] Hilke Thode-Arora folgert daraus: „Hagenbeck shows confirmed rather than created images of the 'ethnic Other', nevertheless having a considerable impact on a wide audience"[27].
Auch wenn der Zoo als faktischer Veranstaltungsort für Völkerschauen oft von geringerer Bedeutung war, als der Begriff 'Menschenzoo' suggeriert, wäre es dennoch falsch, die Bedeutung des Zoos als idealtypischem Veranstaltungsort zu unterschätzen, wie bereits die Bezeichnung als „anthropologisch-zoologische Ausstellungen" und die Subsumtion von nichtmenschlichen Tieren und als 'anders' etikettierten Menschen unter ein Geschäft nahelegt.[28] Die Völkerschauen und ihre Darstellung des 'Wilden' erhielten durch den Zoo als Veranstaltungsort eine Zusatzbedeutung als „Versinnbildlichung der darwinistischen Glaubenslehre"[29] und der eurozentrischen Geschichtsphilosophie dieser Zeit[30]. Die dargestellten 'Völker' wurden biologisiert, zum Missing Link zwischen Tier und

25 „Obwohl die Fremdheit einer Ethnie Grundvoraussetzung für eine Völkerschau war, galt nicht der Satz 'Je fremder, desto besser'" (ebd., S. 60).

26 Vgl. ebd., S. 66.

27 Hilke Thode-Arora: Hagenbeck's European Tours: The Development of the Human Zoo. In: Pascal Blanchard / Nicolas Bancel / Gilles Boëtsch / Éric Deroo / Sandrine Lemaire / Charles Forsdick (Hrsg.): *Human Zoos. Science and Spectacle in the Age of Colonial Empires*. Liverpool: Liverpool UP 2008, S. 165–173, hier S. 173.

28 Vgl. Werner Michler: *Darwinismus und Literatur. Naturwissenschaftliche und literarische Intelligenz in Österreich, 1859–1914*. Wien: Böhlau 1999, S. 360.

29 Sibylle Benninghoff-Lühl: Die Ausstellung der Kolonisierten. Völkerschauen von 1874–1932. In: Volker Harms / Klaus Barthel (Hrsg.): *Andenken an den Kolonialismus. Eine Ausstellung des Völkerkundlichen Instituts der Universität Tübingen*. Tübingen: Attempto 1984, S. 52–65, hier S. 54.

30 Vgl. Stefan Goldmann: Zwischen Panoptikum und Zoo. Exoten in Völkerschauen um 1900. In: Marie Lorbeer / Beate Wild (Hrsg.): *Menschenfresser, Negerküsse ... Das Bild vom Fremden im deutschen Alltag*. 2. Aufl. Berlin: Elefanten 1993, S. 52–57, hier S. 54.

zivilisiertem Menschen erklärt oder zumindest näher an die Natur und einen ‚Naturzustand' gerückt. Aus einer solchen Perspektive „schien der Zoo adäquater Ausstellungsort für Bewohner der Dritten Welt zu sein"[31]; eine Perspektive, die teils heute noch nachwirkt.

In den 1930er Jahren endete die Hochphase der Völkerschauen, weniger aus moralischen Bedenken als vielmehr aufgrund sinkender ökonomischer Bedeutung.[32] Auch wenn es noch in den 1950er Jahren vereinzelte Versuche gab, an die Traditionen der Völkerschauen anzuknüpfen,[33] bot vor allem das Kino seinem Publikum einen vermeintlich noch ‚authentischeren' Blick auf das ‚Fremde' und löste die Völkerschauen nach und nach ab.[34]

Sucht man nach Nachfahren der ‚Völkerschauen', so sind es entsprechend vor allem Dokumentarfilme und Fernreisen, die diese Sehnsucht nach dem ‚exotischen Anderen' heute noch bedienen. Auch der Zoo führt diese Tradition weiter, denn insbesondere die Verbindung ‚afrikanischer Kultur' und Zoo scheint weiterhin omnipräsent. So veranstalten viele Zoos ‚Afrikaevents', bei denen Märkte und Aufführungen stattfinden.[35] Jedoch auch außerhalb solcher Veranstaltungen setzt gerade eine neue Generation von Erlebniszoos in der Gestaltung auf eine Darstellung von Kultur im Zoo. In der sogenannten *habitat immersion* soll den Besuchern das Gefühl vermittelt werden, zusammen mit den Tieren Teil eines ‚Lebensraums' zu sein, indem selbst die Gastronomie und sanitären Einrichtungen dem jeweiligen ‚Kulturraum' angepasst werden.[36] Dabei wird auf ein vermeintlich ‚authentisches Bild des eigentlichen Afrikas' als naturnah und geschichtslos zurückgegriffen, wie es bereits in den Völkerschauen

31 Goldmann: Zwischen Panoptikum und Zoo, S. 54.

32 Vgl. Dreesbach: *Gezähmte Wilde*, S. 307–318.

33 Vgl. Birgit Götz: *Mit Romantik hat unser Beruf nichts zu tun. Münchner Schaustellerfrauen erzählen aus ihrem Leben*. München: Buchendorfer 1999, S. 22.

34 Vgl. Wolter: *Die Vermarktung des Fremden.*

35 Zur Debatte des *African Village* im Augsburger Zoo 2005 etwa vgl. Steinkrüger: *Thematisierte Welten*, S. 228–231.

36 Vgl. Klaus-Michael Machens: Zoo Hannover – auf Erfolgskurs mit kundenorientierten Konzepten. In: Albrecht Steinecke / Anja Brittner (Hrsg.): *Erlebnis- und Konsumwelten.* München: Oldenbourg 2000, S. 289–307, hier S. 295.; Albrecht Steinecke: *Themenwelten im Tourismus. Marktstrukturen, Marketing-Management, Trends.* München: Oldenbourg 2009, S. 230.

vermittelt wurde; nur, dass nicht mehr die Menschen, sondern nur noch ihre Hütten und ihr Hausrat übriggeblieben sind.[37]

## 4 Kultur im Zoo – Fazit

Der Beitrag diskutierte anhand des Beispiels der Völkerschauen Hagenbecks die terminologischen Implikationen von ‚Menschenzoo' und ‚Völkerschau'. Es wurde für die Bezeichnung ‚Völkerschau' argumentiert, da dieser Form der Zurschaustellung durch die Doppelrolle als vermeintliche Bildungsveranstaltung und zugleich privatwirtschaftliches Unternehmen eine zentrale Rolle bei der Verbreitung stereotyper Vorstellungen über den kulturell ‚Anderen' im 19. und frühen 20. Jahrhundert zukam. Dennoch spielte die Inszenierung von Völkerschauen im Zoo dahingehend eine zentrale Rolle, dass sie den Veranstaltungen nicht nur einen seriöseren Grundton verlieh, sondern auch jene Assoziation außereuropäischer Kultur als naturnah vorantrieb, die selbst heute noch in der Gestaltung von Zoologischen Gärten und Kulturevents im Zoo nachlebt. Niemand käme auf die Idee, neben einem Schwarzwildgehege für Europa zu werben, während Afrika und Zoo noch immer eine vermeintlich harmonische Einheit bilden. Die Traditionslinie besteht also nicht in der Präsentation von Menschen im Zoo, sondern in der Darstellung von ‚Kulturen' und dies insbesondere im Zoo.

37 Vgl. Steinkrüger: *Thematisierte Welten*, S. 231–238.

# Nazi-Zoos

## Die deutschen Tiergärten zwischen 1933 und 1945

Colin Goldner

Die 1793 eröffnete Ménagerie im Jardin des Plantes von Paris gilt als erster Zoo ‚moderner' Prägung. Bestückt mit übriggebliebenen Tieren aus der königlichen Tiersammlung im Schlosspark von Versailles diente sie als Modell für eine Vielzahl weiterer Zoogründungen in ganz Europa. Auch der Mitte des 16. Jahrhunderts schon begründete Tiergarten im Schlosspark von Schönbrunn bei Wien wurde entsprechend umgestaltet und der Öffentlichkeit zugängig gemacht; er existiert als älteste Tiersammlung der Welt bis heute.

Ab den 1820er Jahren formierte sich in England eine ganze Reihe bürgerlicher Zoogesellschaften mit dem Ziel, eigene zoologische Einrichtungen zu etablieren. Im Gegensatz zu den fürstlichen Tiersammlungen und Ménagerien des 16. bis 18. Jahrhunderts sollten diese Einrichtungen naturwissenschaftlicher Forschung und Lehre verschrieben sein. Der erste dieser Zoos wurde 1828 in London begründet, gefolgt kurz darauf von Zoos in Dublin 1831, Bristol 1835, Manchester 1837, Edinburgh 1839 und Leeds 1840.

1838 öffnete in Amsterdam der erste nicht-britische Zoo (abgesehen vom Pariser Jardin des Plantes und dem Tiergarten Schönbrunn) seine Tore, 1843 der Zoo Antwerpen und 1844 als erster bürgerlicher, wenngleich von der Gunst des preußischen Königshauses abhängiger Tiergarten Deutschlands der Zoo Berlin. Weitere Zoogründungen folgten in Frankfurt am Main 1858, Köln 1860, Dresden 1861, Hamburg 1863, Hannover 1865 und Karlsruhe 1865. Bis zur Jahrhundertwende wurden in ganz Europa – vornehmlich in Ländern, die als Kolonialmächte unbegrenzten Zugriff auf Nachschub an Wildtieren hatten (d. h. in Russland, Frankreich, Dänemark, Portugal, Spanien, den Niederlanden, ab 1871 auch im Deutschen Kaiserreich) – nicht weniger als dreißig weitere Großzoos etabliert; zu den bereits bestehenden deutschen Einrichtungen, die ihren Bestand an exotischen Tieren bis dahin über Handelsbeziehungen bzw. eine regelmäßig im Zoo Antwerpen stattfindende Tierversteigerungsbörse aufgebaut hatten, kamen vier weitere hinzu (Münster 1874, Leipzig 1878,

Wuppertal 1881, Rostock 1899). Außerhalb Europas gab es nur sehr vereinzelt Zoogründungen, die meisten davon entstanden in den Kolonialländern selbst, aus denen die Wildtiere für die europäischen Zoos bezogen wurden und dienten insofern als Sammel- und Umschlagplätze (Melbourne 1862, Djakarta 1864, Hongkong 1871, Kalkutta 1875, Kairo 1891, Pretoria 1898). Eine ähnliche Zoogründungswelle wie in Europa gab es nur in den (von europäischen Einwanderern dominierten) USA, wo zwischen 1855 und 1899 vierzehn Großzoos und ungezählte kleinere Einrichtungen entstanden.[1]

Nach der Jahrhundertwende setzten sich die Zoogründungen vor allem im Deutschen Reich nahtlos fort: allein bis zu Beginn des Ersten Weltkrieges wurden fünf weitere Großzoos eingerichtet (Halle 1901, Landau i.d. Pfalz 1904, Hamburg 1907, München 1911, Nürnberg 1912), daneben, wie auch schon im ausgehenden 19. Jahrhundert, eine Vielzahl kleinerer Tiergärten, Schaugehege und Aquarien.

Mit Ausbruch des Krieges kollabierte das bis dahin prosperierende Tiergartenwesen nachgerade schlagartig. Aufgrund der ausbleibenden Besucher gerieten viele nach kürzester Zeit an den Rand des Ruins. Hinzu kamen Versorgungsengpässe bei Fleisch und Getreide, so dass zahllose Zootiere an Mangelernährung starben; viele wurden auch geschlachtet und an andere Tiere verfüttert bzw. an Fleischhändler verkauft. Die leerstehenden Gehegehäuser wurden nicht mehr instandgehalten, die Attraktivität der Zoos sank auf den Nullpunkt.

Auch nach dem Krieg übten die mühsam wieder in Gang gesetzten Zoos nur wenig Anziehungskraft aus; ganz abgesehen davon, dass die Hyperinflation in den Anfangsjahren der Weimarer Republik den Menschen kaum die Möglichkeit gab, sich irgendwelche Freizeitvergnügungen leisten zu können.

Viele der bis zum Ersten Weltkrieg von Aktiengesellschaften oder privaten Trägervereinen betriebenen Zoos konnten nur dadurch über Wasser gehalten werden, dass sie in kommunale Trägerschaft überführt und aus öffentlichen Mitteln bezuschusst wurden; einige, wie etwa der Zoo Hannover, gingen trotzdem pleite. Auch dem Frankfurter Zoo drohte die Schließung. Obgleich die Stadt, die schon 1915

1 Eric Baratay / Elisabeth Hardouin-Fugier: *Zoo. Von der Menagerie zum Tierpark.* Berlin: Wagenbach 2000.

die Trägerschaft übernommen hatte, erhebliche Steuermittel in den Erhalt des Zoos pumpte und diesen mit allerlei Neuerungen versah, mithin einer eigenen Kinematographenbühne oder kostenfreiem Ausschank von Frischmilch, blieben die Besucherzahlen weit hinter den Erfordernissen für einen einigermaßen wirtschaftlichen Betrieb zurück.
Auch andernorts lief es nicht besser. Gleichwohl ab 1924, vor allem über Handelsbeziehungen der Firma Hagenbeck, wieder exotische Wildtiere aus dem Ausland bezogen werden konnten, gelang es nur schleppend, wenn überhaupt, die alte Attraktivität wiederherzustellen. In vielen Zoos versuchte man, über Rummelplatzattraktionen – Achterbahnen, Krinolinen, Kasperletheater oder Schießbuden – Besucher zurückzugewinnen. Auch Zirkusshows wurden veranstaltet, bei denen Seelöwen, Tiger, Elefanten und andere Wildtiere andressierte ‚Kunststücke' zeigen mussten.[2] Im Berliner Zoo etwa mußten Schimpansenkinder mit Tellern, Tassen und einer großen Kaffeekanne hantieren und dabei antrainierte Slapsticks vorführen. Einer der Dresdner Schimpansen wurde in einen bayerischen Trachtenanzug gesteckt und mußte zum Vergnügen der Besucher Fahrradfahren oder auf einer Geige spielen. Trotz all solcher Anstrengungen kamen die Zoos indes nicht mehr richtig auf die Beine.

## Tierhag

Erst ab 1933 ging es wieder aufwärts. Großzügig gefördert durch die neuen Machthaber konnten heruntergekommene Anlagen instandgesetzt bzw. durch Neubauten ersetzt werden. In zahlreichen Städten wurden mit finanzieller und propagandistischer Unterstützung der Nationalsozialisten neue Zoos eingerichtet, 1935 etwa – „im dritten Jahre der nationalen Erhebung unter der Führung Adolf Hitlers"[3], wie es in einer hakenkreuzverzierten Gründungsurkunde hieß – der

2 Sebastian Gleixner: Weltkrieg und Ende auf Widerruf 1914–1923. Der Tierpark in schweren Zeiten. In: Michael Kamp / Helmut Zedelmaier (Hrsg.): *Nilpferde an der Isar. Die Geschichte des Tierparks Hellabrunn in München.* München: Buchendorfer 2000, S. 88–111.

3 Andreas Busemann (Hrsg.): *75 Jahre Zoo Osnabrück. Das Geburtstagsmagazin 2011.* Osnabrück: E. i. S. 2011, S. 7. Die hakenkreuzverzierte „Urkunde über die Grundsteinlegung zum Heimat-Tiergarten in Osnabrück" vom 19. September 1935 ist in einer Größe von 40x48 mm abgebildet und insofern nur mit der Lupe zu entziffern.

Abb. 1: Hitler mit dem Nürnberger OB Willy Liebel beim Privatrundgang durch den Tiergarten am 2. Mai 1939.

Zoo Osnabrück, für den „Reichsjägermeister" Hermann Göring sich persönlich verwandte; auch der im Jahr darauf eröffnete Zoo Augsburg erfuhr Förderung von höchster Stelle: der seinerzeitige bayerische Ministerpräsident Ludwig Siebert (NSDAP) setzte sich nachdrücklich für den zeitgeistig als „Tierhag" bezeichneten Zoo ein. Sämtliche Zooneugründungen der 1930er – Bochum 1933, Duisburg 1934, Heidelberg 1934, Ulm 1935, Rheine 1937, Straubing 1937 oder Krefeld 1938 – wurden entweder von NS-Funktionären initiiert oder von ihnen nach Kräften unterstützt und vorangetrieben.

Am deutlichsten wird der Stellenwert, den die Nazis der Einrichtung „Zoo" zumaßen, im Blick auf die Umsiedelung des seit 1912 schon bestehenden Nürnberger Tiergartens, der der geplanten Erweiterung des Reichsparteitagsgeländes weichen musste. Bezuschusst mit der damals ungeheuren Summe von 4,3 Millionen Reichsmark wurde der Zoo ab 1937 auf einem vielfach größeren Areal etwas außerhalb der Stadt neu angelegt (zum Vergleich: das Monatseinkommen eines Facharbeiters lag bei durchschnittlich 172 RM). Die Gehege-, Betriebs- und Verwaltungsbauten wurden ganz im Stil der völkischen „Heimatschutzarchitektur" errichtet, wie die Nazis sie auch für ihre

Siedlungsbauten bevorzugten. Nürnbergs NSDAP-Oberbürgermeister Willy Liebel, SA-Mann der ersten Stunde und späterer Mitarbeiter Albert Speers, überwachte die Baumaßnahmen höchstpersönlich. Als Bauleiter fungierte NS-Architekt Walter Brugmann. Der Eröffnung am 5. Mai 1939 wohnte jede Menge Nazi-Prominenz bei, die sich von dem neugestalteten Zoo hellauf begeistert zeigte. Hitler, der schon ein paar Tage zuvor einen Privatrundgang unternommen hatte, soll, wie die Presse berichtete, den Zoo als „schönsten Tiergarten Deutschlands" belobigt haben.[4]

## Zoodynastie Heck

Ein bezeichnendes Licht auf das Verhältnis des Nationalsozialismus zur Institution „Zoo" wirft auch die Geschichte der Zoodynastie Heck: Der seit 1931 als Direktor des Berliner Zoos firmierende Lutz Heck (1892–1983) war schon 1933 offizielles „Fördermitglied der SS" geworden, 1937 trat er der NSDAP bei. Er stand in engem freundschaftlichen Kontakt zu Göring, mit dem er seine Leidenschaft für Großwildjagd teilte. Tatsächlich ging er bei Göring ein und aus, immer wieder war er auch auf dessen Reichsjägerhof in der Rominter Heide zu Gast. Die pseudowissenschaftlichen Experimente, die er zur „Rückzüchtung" von Auerochsen und Wisenten betrieb, wurden von Göring höchstpersönlich gefördert. 1938 erhielt Heck anläßlich des „Führergeburtstages" den Titel eines Professors verliehen, zwei Jahre später wurde er, zusätzlich zu seiner Tätigkeit als Zoodirektor, zum Leiter der Obersten NS-Naturschutzbehörde ernannt. Im selben Jahr erhielt er von der Preußischen Akademie der Wissenschaften die silberne Leibniz-Medaille für seine „wissenschaftliche und volksbildende" Tätigkeit zuerkannt, gefolgt von zahlreichen weiteren Ehrungen und Preisen des NS-Staates.[5]

4 Hartmut Voigt: Der Tiergarten feiert am Samstag seinen Geburtstag. http://www.nordbayern.de/freizeit/tiergarten/der-tiergarten-feiert-am-samstag-seinen-geburtstag-1.2058720 (Zugriff am 28.10.2014).

5 Kai Artinger: Der „Vater der Rominter Ure". Bemerkungen zum wissenschaftlichen Leiter des Berliner Zoos im Nationalsozialismus. http://www.diegeschichteberlins.de/geschichteberlins/persoenlichkeiten/persoenlichkeitenhn/491-heck.html?573da0f5e1c688030bddf01b36b05e41=eb10d53492a9becf671fbc09f5227005 (Zugriff am 28.08.2014).

Göring sorgte auch dafür, dass der Berliner Zoo 1935 eine reich bemessene Geländeschenkung aus preußischem Staatsbesitz erhielt, die es Heck erlaubte, angrenzend an die bestehenden Anlagen einen eigenständigen „Deutschen Zoo“ einzurichten. In künstlich geschaffenen Felsgehegen wurden Bären, Wölfe und andere „deutsche“ Tiere untergebracht, mithin Füchse, Wildkatzen und Luchse; dazu gab es ein Biber- und Fischotterbecken sowie Volieren für Auer- und Birkhühner. An einigen der Gehege wurden zur Verdeutlichung des Deutschtums der darin gezeigten Tiere eigens kleine Hakenkreuze angebracht. Auch in anderen Zoos wurden „Hegestätten deutscher Tierwelt“ eingerichtet.[6]

Die Idee eines „Deutschen Zoos“ hatte bereits Ludwig Heck (1860–1951) verfolgt, Vater von Lutz Heck, der als Amtsvorgänger seines Sohnes 43 Jahre lang [!] den Berliner Zoo geleitet hatte. Finanziert von Wilhelm II. hatte er schon um die Jahrhundertwende eine „vaterländische Sammlung“ angelegt, in der Raubtiere, Eulen und Greifvögel aus „deutschen Landen“ gezeigt wurden; die „deutschen“ Tiere waren allerdings über das ganze Zoogelände verteilt gewesen, erst Mitte der 1930er Jahre wurden sie in einem eigenständigen Bereich zusammengefasst. Auch Ludwig Heck war überzeugter Nazi. In seiner 1938 vorgelegten Autobiographie rühmte er sich, schon Nationalsozialist gewesen zu sein, lange bevor man das Wort überhaupt erfunden habe.[7] Anlässlich seines 80. Geburtstages wurde er vom „Führer“ höchstpersönlich mit der „Goethe-Medaille für Kunst und Wissenschaft“, der höchsten „Kulturauszeichnung“ des NS-Staates, geehrt.

Auch Ludwig Hecks zweiter Sohn Heinz (1894–1982) war Zoodirektor, und auch er war eng in das NS-Regime verstrickt. Ab 1928 leitete er den Münchner Tierpark Hellabrunn, in dem er sich, ebenso wie sein Bruder Lutz in Berlin, mit der „Rückzüchtung“ von Auerochsen, Wisenten und Wildpferden befasste; auch seine

6 Ebd.

7 Ludwig Heck: *Heiter-ernste Lebensbeichte. Erinnerungen eines alten Tiergärtners.* Berlin: Deutscher Verlag 1938, S. 373. Im Original heißt es: „Meine Söhne haben mir neuerdings öfter gesagt: ‚Du warst schon Nationalsozialist, du hast uns schon nationalsozialistische Weltanschauung gepredigt, lange ehe das Wort erfunden war.‘ Das ist richtig;...“.

pseudowissenschaftlichen Zuchtversuche wurden von „Reichsjägermeister“ Göring mit großzügigen Fördermitteln ausgestattet.
Nach dem Krieg wurden Lutz und Heinz Heck aus dem Verband Deutscher Zoodirektoren (VDZ) ausgeschlossen.[8] Auf der Website des VDZ findet sich dafür folgende Erklärung:

> Geheimrat [Ludwig] Heck und seine beiden Söhne [Lutz und Heinz Heck] haben sich um die von ihnen geleiteten Zoos unbestreitbar große Verdienste geschaffen und deren Entwicklung nachhaltig beeinflusst. Bei ihrer Würdigung darf aber nicht verschwiegen werden, dass ihre Beziehung zu Ideologie und Führerschaft des Dritten Reiches eine Form hatte, die weit hinausging über Mitläuferschaft und bloßes deutschnationales Denken, wie es auch bei anderen Zoodirektoren aus jener Zeit festgestellt werden kann. Vielmehr stellten sich Vater und Söhne aktiv in den Dienst der nationalsozialistischen Ideologie, die Söhne als Mitglieder der NSDAP und Fördermitglieder der SS. [...] Zudem unterhielt die Familie Heck freundschaftliche Beziehungen zu Personen der obersten Führungsetage des Dritten Reiches.[9]

Mit Blick auf Heinz Heck wird in einem Jubiläumsband zum 100-jährigen Bestehen des Tierparks Hellabrunn im Jahre 2011 das genaue Gegenteil behauptet: „Heinz Heck war der einzige deutsche Zoodirektor, der bis zuletzt nicht Mitglied der NSDAP wurde. Es gelang ihm sogar, den Tierpark Hellabrunn weitestgehend aus Verwicklungen mit dem nationalsozialistischen Regime herauszuhalten.“ Und dies, obgleich die „Nationalsozialisten dem Tierpark mit größtem Interesse“ begegneten, ließen sich doch „Hecks Tierzuchtprogramme wie die Rückzüchtung von Auerochsen gut mit der herrschenden Rassenideologie vereinbaren“. Allenfalls seien Hecks Zuchtprogramme von den Nazis „instrumentalisiert“ worden, wie sie den Münchner Tierpark insgesamt zu einer „bedeutenden Institution der neuen deutschen Wissenschaft stilisiert“ hätten. Heck selbst sei, wie die weit überwiegende Mehrzahl seiner Untergebenen, in „keiner nationalsozialistischen Organisation tätig“ gewesen.[10] Nachweislich jedenfalls war Heinz Heck an einem Projekt der

8 Der Spiegel: Berliner Zoo. Urmacher unerwünscht. http://www.spiegel.de/spiegel/print/d-28956824.html (Zugriff am 30.11.2014).

9 Verband Deutscher Zoodirektoren: Die Heck-Dynastie. http://www.hyperworx.de/zoodirektoren/staticsite/staticsite.php%3Fmenuid=131&topmenu=20&keepmenu=inactive.html (Zugriff am 10.04.2013).

10 Helmut Zedelmaier / Michael Kamp: *Hellabrunn. Geschichte und Geschichten des Münchner Tierparks*. München: Bassermann 2011, S. 80–81.

„Forschungsgemeinschaft Deutsches Ahnenerbe" beteiligt, einer 1935 von „Reichsführer SS" Heinrich Himmler begründeten Einrichtung, deren Gesamtzweck darin lag, die NS-Rassenideologie ‚wissenschaftlich' zu unterfüttern.[11]

## NS-Biologie und vorgeblicher Tierschutz

Tatsächlich eigneten sich die Tiergärten hervorragend als NS-Propagandainstrumente: Sie dienten als Stätten „darstellender Biologie", in denen zentrale ideologische Themen des NS-Staates wie Vererbungslehre oder Rassenkunde anschaulich gemacht werden konnten. Die Verbreitung und Festigung „biologischen Gedankenguts" galt als „Kernstück der deutschen Volksbildung".[12] Hinzu kam, dass die Gehegeabteilungen mit „deutschen" Tieren zur Stärkung vaterländischer Volksgesinnung beitragen sollten.[13] Mit „exotischen" Tieren konnte überdies Propaganda für die Wiedergewinnung der ehemaligen deutschen Kolonien gemacht werden, wozu auch eine NSDAP-geförderte „Deutsche Afrika-Schau" diente, die nach dem Vorbild der Hagenbeckschen „Völkerschauen" ab 1935 durch die Lande tourte. [14]

Auch Tierschutz spielte eine wesentliche Rolle in der verlautbarten Werteordnung des Nationalsozialismus. Mit Tierschutzpropaganda konnte man populistisch geschickt anknüpfen an eine sich bereits seit dem ausgehenden 19. Jahrhundert entwickelnde und in hunderten von Vereinen organisierte Hinwendung zu Natur- und Tierschutz in breiten Teilen der Bevölkerung. Mit der Vereinnahmung der Idee samt nachfolgender Gleichschaltung der zahllosen Tierschutz- und Antivivisektionsvereine konnte zudem einer schwelenden Protestbewegung der Boden entzogen werden. In der Tat fand der Tierschutzgedanke schon unmittelbar nach der sogenannten Machtergreifung

11 Kai Artinger: Der „Vater der Rominter Ure". Bemerkungen zum wissenschaftlichen Leiter des Berliner Zoos im Nationalsozialismus. http://www.diegeschichteberlins.de/geschichteberlins/persoenlichkeiten/persoenlichkeitenhn/491-heck.html?573da0f5e1c688030bddf01b36b05e41=eb10d53492a9becf671fbc09f5227005 (Zugriff am 28.08.2014).

12 Änne Bäumer: *NS-Biologie.* Stuttgart: Hirzel 1990, S. 113–122.

13 Artinger: Der „Vater der Rominter Ure".

14 Susann Lewerenz: *Die Deutsche Afrika-Schau (1935–1940). Rassismus, Kolonialrevisionismus und postkoloniale Auseinandersetzungen im nationalsozialistischen Deutschland.* Frankfurt am Main: Lang 2006.

Niederschlag in den ersten NS-Gesetzen: Schon im April 1933 wurde das Schlachten warmblütiger Tiere ohne Betäubung verboten, kurze Zeit darauf wurde das Strafmaß für Tierquälerei erheblich verschärft: die Nazis rühmten sich insofern der „besten Tierschutzgesetzgebung der Welt"[15]. In Wirklichkeit aber war die NS-Novellierung der Weimarer Gesetze weniger von tierethischen Motiven getragen, als vielmehr von der Absicht, damit ein Druck- und Sanktionsmittel gegen die jüdische Bevölkerung in die Hand zu bekommen: das Verbot, Schlachttiere ohne Betäubung zu töten, stellte das jüdisch-orthodoxe Schächten unter Strafe.[16]

Die NS-Prominenz gab sich betont tierfreundlich: Hitler etwa ließ sich gerne mit seinen Hunden ablichten, auch Kitschpostkarten, auf denen er Rehkitze tätschelt, waren weitverbreitet; desgleichen der Mythos, er ernähre sich rein vegetarisch. Selbst Göring als passionierter Jäger oder Himmler, der vor seiner Karriere in der SS eine Hühnermastanstalt vor den Toren Münchens betrieben hatte, stellten sich als engagierte Tierschützer dar; Göring vor allem als Gönner und Förderer zoologischer Gärten. Die Zoos in Berlin und Dresden wurden unter seiner Schirmherrschaft weitläufig ausgebaut; aber auch kleinere Zoos wurden von ihm begünstigt: dem Heimattiergarten Neunkirchen etwa schenkte er einen seiner privat gehaltenen Löwen. Auch Hitler selbst gerierte sich als Tiergartenfreund: den Münchner Tierpark Hellabrunn etwa beschenkte er mit fünfzig Mandarinenten und zwei Giraffen.

Auch nach Kriegsbeginn 1939 blieben die Zoos weiterhin gut besucht: Die fortdauernde Propaganda der Nazis sorgte dafür, dass der sonntägliche Familienausflug in den Zoo zum unverzichtbaren Teil deutscher Alltagskultur wurde. In vielen Zoos gab es Sonderkonditionen für Wehrmachtsangehörige auf Heimaturlaub. Auch von Versorgungsengpässen wie zu Beginn des Ersten Weltkrieges blieben die Zoos weitgehend verschont.

15 Michael Schimanski: Im Dritten Reich darf es keine Tierquälerei mehr geben. Die Entstehung des Reichstierschutzgesetzes von 1933. In: *Deutsche Tierärztliche Wochenschrift* 116,4 (2009) S. 137–147.

16 Helene Heise: Nazis und Tierschutz. Tierliebe Menschenfeinde. In: *Spiegel Online*, 19.09.2007. http://www.spiegel.de/einestages/nazis-und-tierschutz-a-947808.html (Zugriff am 30.11.2014).

Mit den flächendeckenden Bombardements deutscher Großstädte ab Frühjahr 1942 änderte sich das Bild schlagartig: viele der Zoos wurden schwer beschädigt, einige davon – Frankfurt, Münster, Dresden – wurden praktisch dem Erdboden gleichgemacht. Da auf Anweisung Görings der Zoobetrieb bis zuletzt hatte aufrechterhalten werden müssen – viele Zoos waren bis Ende 1944 geöffnet –, waren nur wenige Tiere ausgelagert worden: zigtausende von Zootieren kamen bei den Bombenangriffen zu Tode. Im Berliner Zoo, der zu den tier- und artenreichsten Zoos Welt gezählt hatte, überlebten nur ein paar Dutzend. Vielerorts wurden überlebende Tiere auf behördliche Anweisung hin erschossen oder fielen Plünderungen zum Opfer.

### Verdängen und Vertuschen

Eine wirkliche Aufarbeitung der Verstrickung der deutschen Zoos in den Nationalsozialismus wurde bis heute nicht vorgenommen. In den Verlautbarungen heutiger Zoos und Zooverbände wird die Geschichte zwischen 1933 und 1945 entweder komplett verschwiegen oder aber abgestritten, kaschiert, verharmlost und beschönigt. In einer bis heute für den Zoounterricht verwendeten Materialsammlung des Verbandes deutschsprachiger Zoopädagogen e. V. aus dem Jahr 2001 heißt es: „Während der nationalsozialistischen Herrschaft machten die deutschen Zoos keinerlei Fortschritte. […] Die Nazis – vielleicht mit Ausnahme Hermann Görings – interessierten sich nicht für Zoos.“[17]

Unter dem Titel „Gebaut unter Hitler und doch kein Nazi-Zoo“ vermerkt der hauseigene Geschichtsschreiber des Nürnberger Tiergartens, es sei das „Interesse der Parteispitze [der NSDAP] am damals größten deutschen Tiergarten eher gering“ gewesen.[18] Bei der Einweihung am 5. Mai 1939 habe „die oberste Führung aus Berlin durch

17 Verband deutschsprachiger Zoopädagogen e. V. (Hrsg): Zoos zwischen den Fronten. Die Widersprüche von Natur- und Tierschutz. Materialien für den fächerübergreifenden Unterricht. http://www.vzp.de/PDFs/Frontendownload.pdf (Zugriff am 18.12.2013).

18 Mathias Orgeldinger: Exotische Tiere in inszenierter altfränkischer Landschaft – Planung und Bau des neuen Tiergartens Nürnberg (1936–1939). http://www.cgl.uni-hannover.de/fileadmin/cgl/pdf/Publikationen/Broschueren/Jaegerzaun_Groessenwahn_gesamt.pdf (Zugriff am 28.11.2014).

Abwesenheit" geglänzt, wie überhaupt die „Nazis offenbar wenig Interesse an zoologischen Gärten" gehabt hätten. Belegt wird diese Auffassung mit dem Hinweis darauf, dass das Titelbild des zur Eröffnung vorgelegten „Tiergarten-Führers" einen „überlebensgroßen Orang-Utan" zeige; zudem seien „drei (exotische) Flamingos zu sehen und ein Wisent oder Bison, der auf der Wiese steht. Da im Text ausdrücklich erwähnt wird, dass der Europäische Wisent im Gegensatz zum Amerikanischen Bison ein Waldtier ist, dürfte auf dem Cover keine ‚einheimische' Tierart abgebildet sein. Auch unterbleibt in der Publikation jede sprachliche Germanisierung der mitteleuropäischen Fauna". Im Übrigen seien auf der Einladungskarte zur „Eröffnung des neuen Tiergartens [...] keine Parteisymbole" aufgedruckt gewesen.[19]

Das Verdrängen und Vertuschen hat System: Noch bis fast sechzig Jahre nach Kriegsende weigerte sich etwa der Zoo Berlin zuzugeben, dass nach der „Machtergreifung" der Nazis jüdische Zoo-Aktionäre gezwungen worden waren, ihre Anteile zu Spottpreisen zu veräußern; desgleichen, dass ab 1939 Juden der Zutritt zum Berliner Zoo verboten worden war. In einer Studie des Zentrums für Antisemitismusforschung der TU Berlin von 2002 wurde nachgewiesen, dass „die Zooleitung den Ausschluß der Juden in allen Bereichen mit eigenständigen Initiativen betrieben hatte und im vorauseilenden Gehorsam mit allen Maßnahmen den nationalsozialistischen Sondergesetzen zuvorgekommen war."[20] Auch andere Zoos durften von Juden nicht mehr betreten werden.

Die Direktoren und Verwaltungsräte der deutschen Großzoos standen den Nazis durchwegs höchst wohlwollend gegenüber. Soweit rekonstruierbar gehörten sie spätestens seit 1937 ausnahmslos der NSDAP und/oder sonstigen Gliederungen des NS-Staates an, viele in hochrangigen Funktionen. Im Vorstand des Aktienvereins des Berliner Zoos beispielsweise saß seit 1936 der Generalleutnant der Waffen-SS Ewald von Massow; der Heidelberger Zoo war überhaupt

19 Mathias Orgeldinger: Gebaut unter Hitler und doch kein Nazi-Zoo. Der Tiergarten am Schmausenbuck. In: *Manati – Magazin des Vereins der Tiergartenfreunde Nürnberg e. V. und des Tiergartens der Stadt Nürnberg* 27,2 (2012), S. 13–14.

20 Juliane Wetzel: Die Verdrängung der jüdischen Aktionäre aus dem Berliner Zoo. http:// www.tu-berlin.de/fileadmin/i65/Newsletter/news-02-11.pdf (Zugriff am 30.11.2013).

erst mit Geldern des NSDAP-Förderers und späteren NS-Wehrwirtschaftsführers Carl Bosch begründet worden. Auch der Dresdner Zoodirektor und Zoologieprofessor Gustav Brandes bekannte sich offensiv zu den Nationalsozialisten: wie selbstverständlich zählte er zu den Unterzeichnern des „Bekenntnis[ses] der Professoren an den deutschen Universitäten und Hochschulen zu Adolf Hitler und dem nationalsozialistischen Staat" vom 11. November 1933.[21]

Nach dem Krieg blieb die Mehrzahl der NS-belasteten Zoodirektoren unbeanstandet im Amt. Bei einigen wurde eine kurze Schamfrist eingelegt, dann wurden sie erneut in ihre alten Positionen berufen. Der Zoologe Karl Max Schneider etwa, seit 1934 Direktor des Leipziger Zoos, wurde seiner NSDAP-Mitgliedschaft wegen 1945 entlassen, im Jahr darauf aber anstandslos wieder eingestellt. 1952 erhielt er überdies eine Professur an der Leipziger Universität, zeitgleich wurde er zum Präsidenten des Verbandes Deutscher Zoodirektoren gewählt. Eine ähnliche Karriere legte sein langjähriger Stellvertreter Heinrich Dathe hin: 1932 bereits der NSDAP beigetreten, musste er 1945 seinen Posten im Zoo räumen, wurde aber bald darauf erneut berufen; zugleich bekam er einen Lehrauftrag, später sogar eine Professur an der Universität Leipzig. Ab 1954 baute er im Auftrag des Staatsrates der DDR den Tierpark (Ost-)Berlin auf, den er, hochehrengeachtet, bis zu seiner Pensionierung im Jahre 1990 leitete. Bezeichnend ist auch die Karriere des Veterinärmediziners Friedrich Schmidt-Hoensdorf, der seit 1929 den Zoo Halle geleitet hatte: Trotz langjähriger Mitgliedschaft in der NSDAP, im SS-Reitersturm und in anderen NS-Gliederungen erhielt er nach dem Krieg problemfrei eine Professur an der FU Berlin; von 1954 bis zu seinem Tod 1967 gehörte er unbeanstandet auch dem Aufsichtsrat des Zoologischen Gartens Berlin an.

In den Annalen der jeweiligen Zoos bleiben die NSDAP-Mitgliedschaften der seinerzeitigen Direktoren, Verwaltungsräte und Geldgeber bis auf wenige Ausnahmen unerwähnt. Bis heute sind sowohl nach Schneider als auch nach Dathe öffentliche Schulen benannt, desgleichen nach Ludwig Heck, Carl Bosch und anderen der NS-Ideologie verbundenen und/oder dienstbaren Persönlichkeiten. Zu

21 Gustav Brandes. http://deutsch-nachrichten.de/gustav_brandes (Zugriff am 18.11.2013).

Ehren Ludwig Hecks erschien 1957 eine Sonderbriefmarke, zu Ehren seines Sohnes Lutz stellte man 1984 eine Bronzebüste im Berliner Zoo auf, die heute noch dort steht. Auch innerhalb des Verbandes Deutscher Zoodirektoren ist die Heck-Dynastie längst wieder salonfähig: In einem Jubiläumsband zum 125-jährigen Bestehen des Verbandes aus dem Jahre 2012 werden alle drei Hecks als „berühmte Tiergärtner" gewürdigt, die, obgleich eng mit dem Nationalsozialismus verbunden, doch Großes für das Zoowesen geleistet hätten.[22] Dass es dem Verband kurz nach dem Krieg opportun erschienen war, demonstrativ auf Abstand zu den Hecks zu gehen, deren persönliche Nähe zu den braunen Machthabern schlechterdings nicht zu leugnen gewesen war, erlaubt es ihm bis heute, mit Verweis auf ebendiese Distanzierung einen kritischen Umgang mit der eigenen Geschichte vorzugaukeln und damit die Verflechtung des *gesamten deutschen Zoowesens* in das NS-Regime zu verschleiern. Eine weitere Auseinandersetzung des VDZ mit seiner und der Rolle der deutschen Zoos zwischen 1933 und 1945 – über den Umstand hinaus, dass man den tümelnden Verbandsnamen im Sommer 2014 in Verband der Zoologischen Gärten e. V. abänderte – gibt es erkennbar nicht.[23]

Nicht unerwähnt bleiben darf an dieser Stelle der Säulenheilige aller Zoo-Zoologie, Bernhard Grzimek (1909–1987), der ab 1945 den Frankfurter Zoo leitete. Grzimek war 1933 der SA und 1937 der NSDAP beigetreten; von 1938 bis Kriegsende war er als Regierungsrat im NS-Reichsernährungsministerium tätig. Auch wenn er seine Verstrickung in den Machtapparat der Nationalsozialisten zeitlebens verschwieg bzw. abstritt, gilt diese doch als erwiesen.[24] Selbstredend wird auch er in der VDZ-Ehrenriege als „berühmter Tiergärtner" geführt, der, obgleich „seit 1937 NSDAP-Mitglied gewesen, sich aber nie im Sinne der Partei betätigt" habe.[25] Verdrängung und Vertuschung bis heute.

22 Verband Deutscher Zoodirektoren (Hrsg.): *Gärten für Tiere. Erlebnisse für Menschen.* Köln: Bachem 2012, S. 36–38.

23 Verband der Zoologischen Gärten e. V.: Wir über uns. http://www.zoodirektoren.de/index.php?option=com_k2&view=itemlist&layout=category&task=category&id=66&Itemid=123 (Zugriff am 05.01.2015).

24 Claudia Sewig: *Bernhard Grzimek. Der Mann der die Tiere liebte.* Bergisch-Gladbach: Bastei-Lübbe 2009.

25 Verband Deutscher Zoodirektoren (Hrsg.): *Gärten für Tiere. Erlebnisse für Menschen*, S. 36.

# Zoos im Wiederaufbau und Kalten Krieg, Berlin 1955–1961

Mieke Roscher / Anna-Katharina Wöbse

Berlin nach 1945, eine geteilte Stadt: Der einst so berühmte, aber nun völlig zerstörte Zoologische Garten liegt im britischen Sektor. Aber schon 1954 liegt ein Magistratsbeschluss für Ost-Berlin vor, der den Aufbau eines eigenen Tierparks vorsieht. Die Stadt Berlin ist zu diesem Zeitpunkt noch über weite Strecken ein Trümmerfeld – Spielfläche für eine neue soziale Geographie. Die beiden Zoos sind dabei Kristallisationspunkte für die Umsetzung der ideologischen Visionen in Ost und West. Diese Phase bietet sich idealtypisch an, um die politische Konstruktion von Zoos im Systemvergleich zu untersuchen. Dabei ist besonders zu berücksichtigen, dass der West-Zoo als regimetragender Ort[1] mit dem NS-Erbe umgehen musste und sich durch eine internationale Anbindung zu rehabilitieren versuchte, während man im Ost-Tierpark durch die Zoogründung nicht zuletzt die eigene neue Souveränität international unterstreichen wollte.

Wie wirken sich also politische Systeme auf die Realität der Zootiere aus und wie fungiert anders herum der Zoo als politischer Ort und als ‚more-than-human-place'[2] bzw. als ‚humanimaler' Ort? Um uns dieser Frage zu nähern, untersuchen wir Netzwerke, in denen wir das Zusammenspiel von Mensch und Tier als eine von mehreren möglichen Interaktionsflächen betrachten. Diese Netzwerke hatten ganz unterschiedliche Akteure: Zoodirektoren und Belegschaften, Magistrat und Senat, Besucherinnen und Besucher und eben Tiere. Sie alle sammelten sich im Raum des Zoos, der diese Interaktionen

1 Vgl. Anna-Katharina Wöbse / Mieke Roscher: Zootiere während des Zweiten Weltkriegs. London und Berlin 1939–1945. In: *WerkstattGeschichte* 56 (2011), S. 46–62.

2 Das Prinzip des ‚more-than-human-place' wird vor allem in der tierzentrierten Sozialgeographie für die politisierte Interaktion zwischen Mensch und Tier verwendet. Vgl z. B. Leah M. Gibbs: Water Places: Cultural, Social and More-Than-Human Geographies of Nature. In: *Scottish Geographical Journal* 125,3–4 (2004) S. 361–369; Jamie Lorimer: Moving Image Methodologies for More-than-Human Geographies. In: *Cultural Geographies* 17,2 (2010), S. 237–258.

kondensierte.[3] Im Sinne einer symmetrischen Herangehensweise,[4] die die Tiergeschichte vorschlägt, werden sowohl menschliche als auch tierliche Akteursgruppen untersucht. Es gilt, die jeweiligen Beziehungen und Handlungspraxen zu beleuchten. Dazu bedarf es sowohl einer genauen Betrachtung des Kontextes als auch der spezifischen Gegebenheiten wie Räume, politische Vorgaben und wirtschaftliche Entwicklungen. Diese Gegebenheiten bilden den Rahmen, in dem Handeln stattfand. Sie sorgten gleichsam für die spezifische Produktion von Tieren sowohl auf materieller wie diskursiv-semiotischer Ebene.[5] Die Rahmenhandlungen werden daher zunächst dargestellt und bilden die Basis für eine deutsch-deutsche Nachkriegsgeschichte des Zoos.

## Der Zoo als politischer Raum: Menschliche Akteure und Institutionen

Der Zoologische Garten im Westen der Stadt lag nach dem Ende der Kampfhandlungen des Zweiten Weltkrieges in Trümmern. Vollkommen zerbombt und als Austragungsort des Straßenkampfes durch direkte Feuergefechte mit der Sowjetarmee nur noch in Ruinen vorhanden, beherbergte er 1945 gerade noch 91 Tiere. Man bemühte sich darum, schnellstmöglich wieder einen attraktiven Ort, insbesondere für die menschlichen Besucher/innen, zu schaffen. Das hieß, die Trümmer zu beseitigen, Gebäude zu renovieren und, wo es ging, ‚zeitgemäße' Unterbringungsmöglichkeiten für die Tiere zu schaffen. Das 1955 fertig gestellte Elefantenhaus sollte – lichtdurchflutet, wie es angepriesen wurde – eine andere Verbindung zwischen Tier und Mensch ermöglichen, indem die Tiere nur durch einen Graben von den Besucher/innen getrennt wurden. Tatsächlich hatte es sich der

3 Sowohl zum Thema ‚Zoo' wie zum Thema ‚Tiere und Raum' gibt es eine inzwischen unübersichtlich gewordene Menge an Publikationen, die hier zur Kenntnis genommen wurde, jedoch nicht explizit referenziert werden soll. Zum Thema Raum zuletzt beispielsweise *Tierstudien* 6 (2014).

4 Bruno Latour: *Eine neue Soziologie für eine neue Gesellschaft. Einführung in die Akteur-Netzwerk-Theorie*. Frankfurt am Main: Suhrkamp 2007, S. 74; ders.: *Das Parlament der Dinge – Für eine politische Ökologie*. Frankfurt am Main: Suhrkamp 2010, S. 60.

5 Wir orientieren uns hier an Donna Haraways Forderungen, die Dialektik von „material-semiotischen" Zusammenhängen in der Betrachtung von Tieren zu berücksichtigen. Vgl. Donna Haraway: *When Species Meet*. Minneapolis: University of Minnesota Press 2008, S. 4.

ab 1957 tätige Zoodirektor Heinz-Georg Klös zum Ziel gemacht, „einen Zoo nach eigenen Plänen neu entstehen zu lassen".[6] Vor dem Hintergrund der Verstrickungen des Zoos in die rassenideologische Programmatik der Nazis sollte dieser Neubeginn von der Idee des ‚deutschen Zoos' wegführen und Internationalität und Professionalität unter Beweis stellen. 1957 hatte sich der Träger des Zoos, der bereits 1869 gegründete Aktien-Verein des Zoologischen Gartens zu Berlin, in seine Satzung geschrieben,

> die im Zoo vorhandenen Sammlungen lebender Tiere zu erhalten und zu vervollständigen, wissenschaftliche Beobachtungen und Untersuchungen sowie künstlerische Studien auf dem Gebiet der Zoologie zu fördern und naturwissenschaftliche Kenntnisse, namentlich durch Unterstützung des Jugendunterrichts, zu verbreiten.[7]

Diese Neukartierung war nicht billig. Man schätzte, dass der Wiederaufbau etwa 15–20 Millionen DM kosten würde. Finanziert werden sollte dies zunächst über Lotterien, Sonderbriefmarken und Verpachtungen. Ein 1959 verabschiedeter Sechs-Jahres-Plan des Senats sollte zudem die finanzielle Zuwendung für die Neubauten garantieren, damit der „ständigen Vergrößerung des Tiermaterials" entsprochen werden konnte.[8] Damit sollte der Zoo „endgültig" zu einem „der Bedeutung Berlins entsprechende[n] Kulturinstitut von Weltcharakter" gemacht werden, zumal die Konkurrenz im Osten der Stadt bedrohlicher wurde:[9]

> Wie bekannt, haben die ostzonalen Behörden aus politischen Gründen, d. h. um die Bevölkerung der Zone und Ostberlins vom Besuch des Zoo's (sic) abzuhalten, unter dem grössten materiellen Aufwand in Friedrichsfelde einen Tierpark eingerichtet, der ständig weiter ausgebaut wird.[10]

6 Heinz-Georg Klös: *Von der Menagerie zum Tierparadies. 125 Jahre Zoo Berlin.* Berlin: Haude & Spener 1969, S. 143.

7 Satzung des Aktien-Vereins des Zoologischen Gartens zu Berlin vom 14. Mai 1869 in der Fassung vom 26. Juni 1957. Landesarchiv Berlin, C Rep. 14, Nr. 2541.

8 Senator für Finanzen: Bericht über die wirtschaftlichen Verhältnisse des Aktien-Vereins zu Berlin von 1959. LAr Berlin, C Rep. 14, Nr. 2541, Bl. 36.

9 Brief des Aktienvereins des Zoologischen Garten Berlin an den Parlamentspräsidenten Willy Henneberg vom 11. März 1959. LAr Berlin, C Rep. 14, Nr. 2541, Bl. 8–11.

10 Senator für Finanzen: Bericht über die wirtschaftlichen Verhältnisse des Aktien-Vereins zu Berlin von 1959. LAr Berlin, C Rep. 14, Nr. 2541, Bl. 39.

Alle Anzeichen deuteten darauf hin, „dass die Sowjetzonenregierung keine Kosten scheut, um dieses Unternehmen zu einer Institution hochbedeutsamen Charakters zu machen".[11]

In der Tat war zu diesem Zeitpunkt das Pendant in Ost-Berlin weit fortgeschritten. Die Stadtentwicklung im sowjetischen Sektor hatte im Rahmen zukünftiger Grünraumplanung früh über die Einrichtung eines Tiergartens nachgedacht – 1954 war plötzlich alles ganz schnell gegangen: Der Beschluss des Magistrats vom 27. August bestimmte dafür das Gelände des Parks des frühklassizistischen Schlosses Friedrichsfelde und die im Osten angrenzenden Flächen. Das Areal besaß so im Vergleich zum West-Zoo die fünffache Fläche. Der Mann für den Aufbau war bereits gefunden: Heinrich Dathe, der aus dem Leipziger Zoo nach Berlin kam. Er sollte sich schnell dank seiner Medien- und Öffentlichkeitspräsenz zum Gesicht des Tiergartens und zum populärsten Zoodirektor des Ostens entwickeln.

Das Projekt Tiergarten war in vielfacher Hinsicht symbolisch aufgeladen. Am Anfang stand die Herausforderung, eine feudale Gartenarchitektur mit der sozialistischen Gegenwart zu versöhnen und daraus einen attraktiven Raum für die Großstadtbevölkerung zu entwickeln. Die Gestaltungsmerkmale, die Dathe nun für den Tierpark festhielt, symbolisierten nicht nur den modernen Zoo, sondern auch die moderne Stadt: Die Anlage sollte Großzügigkeit und Weitläufigkeit demonstrieren. So wenig Zäune und Mauern wie irgend möglich würden das Auge der Besuchenden stören. Die Tierhäuser sollten licht und transparent sein: Ebenso wie im Westen reklamierte der neue Tierpark die Attribute einer ‚zeitgemäßen' Tierhaltung für sich. Vor allem aber würde dieser Tiergarten kein Ort der Eliten sondern ‚des Volkes' sein. Schon die Einrichtung des Geländes basierte auf der unmittelbaren Beteiligung der Bevölkerung. Durch das Nationale Aufbauwerk, das auf der freiwilligen Arbeit der Bürgerinnen und Bürger bei Enttrümmerung und Neubau der zerstörten Stadt fußte, wurden hunderttausende Arbeitsstunden im Zoo abgeleistet. Gleichzeitig genoss er dank seiner Prestigeträchtigkeit eine bevorzugte Position bei Mittel- und Materialzuweisungen. Der Tierpark etablierte sich schnell als Besuchermagnet, wie sich an den Zahlen

11 Brief des Aktienvereins des Zoologischen Garten Berlin an den Parlamentspräsidenten Willy Henneberg vom 11. März 1959. LAr Berlin, C Rep. 14, Nr. 2541, Bl. 8–11.

zeigte: Während der Westberliner Zoo 1956 1,03 Millionen Besucher, 1957 1,13 und 1958 1,14 Millionen, verbuchte,[12] hatte der Tierpark in den selben Jahren folgende Besucherzahlen zu vermelden: 1956 1 Millionen, 1957 1,5 Millionen und 1958 1,7 Millionen.[13]

## Der Zoo als animalischer Raum: Tierzentrierte Perspektivierungen

Dank der Spenden durch Mäzene und Firmen besaß der West-Zoo zwar bereits einige Großtiere. Er selbst konnte aber aufgrund der Devisensituation erst ab 1950 wieder Käufe tätigen. Nun ging es darum, möglichst „besondere exotische Schautiere und Seltenheiten" zu erwerben.[14] Es wurde präsentiert, was gefiel und attraktiv war. Das große Raubtierhaus wurde früh wieder aufgebaut, denn „Raubtiere gehören nun einmal zu den Tieren, die in den Augen der Zoobesucher das Wesen eines Zoo ausmachen."[15] Klös achtete darauf, eine feine Abstimmung zwischen diesen Publikumstieren, jenen, die wissenschaftlichen Interessen dienten, und den vom Aussterben bedrohten Spezies zu gewährleisten.[16] Das Hauptaugenmerk allerdings lag auf den Publikumsmagneten. An den anderen Tieren würden die Durchschnittsbesucher/innen „achtlos vorübergehen".[17] Die Auswahl der Tiere wurde auch stets mit Blick auf die Konkurrenz im Osten getroffen, wobei es galt, die eigenen Potenzen zu betonen. 1959 argumentierte Klös vor dem Hauptausschuss des Abgeordnetenhauses, man solle sich auf die Zucht und die Haltung von Affen konzentrieren. Diese seien im Osten aufgrund fehlender Devisen nicht so leicht zu bekommen. Außerdem erfordere deren Haltung große Käfige, die jedoch wegen der im ganzen Osten herrschenden Eisenknappheit nicht verfügbar seien. Deswegen würde der Tierpark eher auf Fläche statt auf sorgfältige Auswahl setzen.[18] Wirtschaftliche und

12 Senator für Finanzen: Bericht über die wirtschaftlichen Verhältnisse des Aktien-Vereins zu Berlin von 1959. LAr Berlin, C Rep. 14, Nr. 2541, Bl. 42.

13 Memorandum zur Perspektive des Tierparks Berlin vom 19.05.1967. Nachlass 317 H. Dathe, Staatsbibliothek Berlin, K. 25.

14 Klös: *Tierparadies*, S. 138.

15 Ebd., S. 150.

16 Ebd., S. 176.

17 Ebd., S. 248.

18 Vermerk III b A: Langfristige Bauvorhaben. LAr Berlin, C Rep. 14, Nr. 2541, Bl. 2.

politische Determinanten bestimmten also maßgeblich das Leben der Tiere.
Die so prominent ausgestellten Tiere sahen sich in ganz anderem Maße der unfreiwilligen Konfrontation mit den Besucher/innen ausgesetzt. Einer dieser Publikumsmagnete war der berühmte Flusspferdbulle Knautschke, er wurde besonders medienwirksam präsentiert. Die Tatsache, dass er noch während des Krieges geboren worden war und mit den Berlinern ‚gelitten' hatte, machte ihn in vielerlei Hinsicht zur Symbolfigur. Nicht in gleichem Maß wurde der japanische Weißstorch Oshima dargeboten, obgleich er als ältestes Zootier 1960 bereits 30 Jahre im Zoo gelebt hatte[19] Hier kreuzten sich die ‚Ausstellbarkeit' und die symbolischen Wertigkeiten der Tiere mit der Wirkung auf die Betrachter/innen und deren Erwartungen. Jene mit offensichtlicherer Aufladung und Aura fanden einfach mehr Anklang. Bei ihnen wurde eine Kommunikationsleistung oder zumindest Interaktion vorausgesetzt. Diese ihnen so zugesprochene *Agency* kann der Ansatzpunkt für eine konkrete Tiergeschichtsschreibung sein.
Die medialen Präsentationen, mit denen die Zoos auf sich aufmerksam machen wollten, unterschieden sich hinsichtlich Aufmachung und ‚Rahmenhandlung' durchaus. Während der West-Zoo seinen *Wegweiser* offensichtlich durch Werbeeinnahmen finanzierte, verwies der Tiergarten auf die finanzielle Unterstützung durch Betriebsbelegschaften. 1950 etwa schenkte der Likörfabrikant Heinrich dem Zoo eine junge in Ostafrika gefangene Löwin, die, so wollte es der Namensgeber, nach ihm benannt wurde und damit auch ‚Heinrich' hieß.[20] Diese gezielte Produktplatzierung, in der die Tiere quasi als erweiterte Werbefläche fungierten, als Verkörperung kapitalistischer Handlungspraxen, versprach auch das finanzielle Überleben des Zoos: Eine junge Elefantenkuh wurde nach der Likörfabrik Carl Mampe, ‚Mampe' genannt. Eine junge Nashorndame hatte das zweifelhafte Vergnügen des Stifters Vornamen tragen zu dürfen: ‚Carl'.[21] Der Axel Springer Verlag steuerte der wachsenden Menagerie medienwirksam einen Kleinen Panda bei. Wienerwald, Salamander, Iglo, Sarotti und insbesondere die Bekleidungsfirmen Leineweber und

19 Klös: *Tierparadies*, S. 260.

20 Heinz-Georg Klös: *Wegweiser durch den Zoologischen Garten Berlin*. Berlin: Aktien-Verein des Zoologischen Gartens 1958, S. 1.

21 Klös: *Tierparadies*, S. 223.

Ebbinghaus zeigten sich als bereitwillige Spender neuer Tiere. Diese Verstrickung von Industrie und Zoo reichte weit in das Zooleben der Tiere hinein: Auch hier spielte bei der Auswahl der Spezies die Logik der Verwertbarkeit eine Rolle. Im Tierpark gab es auch ‚Tiergeschenke', allerdings nicht von Wirtschaftsunternehmen, sondern vor allem von Betriebsbelegschaften oder volkseigenen Betrieben wie der Kinderzeitschrift *Bummi*, die dem Tierpark 1960 eine Angola-Giraffe überließ.[22] Auch die Belegschaften von Grenzpolizei und die J. W.-Stalin-Werke spendeten beispielsweise Gelder für den gezielten Ankauf von Tieren.[23]

Unterschied sich der Tierpark hinsichtlich der Realität der Tiere vom West-Zoo? Der deutlichste Unterschied zwischen den beiden Einrichtungen war das Raumangebot. Der alte Zoologische Garten war auf etwa 28 Hektar beschränkt – der Tiergarten verfügte über insgesamt 160 Hektar zu erschließende Fläche. Zugleich wurden die Anlagen in Ostberlin neu gebaut und boten großzügigere und den neuesten Erkenntnissen der Verhaltensforschung angepasste Wohnverhältnisse. Die Freilaufflächen für die großen Weidetiere wie Wisente, Antilopen, Zebras oder Trampeltiere wirkten jedenfalls viel weitläufiger. Das änderte allerdings nichts daran, dass viele Tiere einen viel engeren Radius hatten oder wie die zwischen „Blumenbroderien [...] aufgestellten Kakadus" an Stangen angekettet waren.[24] Die bisweilen prekäre Beschaffungssituation in der DDR hatte auch Folgen für die Tiere: Als Einnahmen und Ausgaben deutlich auseinanderdrifteten, signalisierte der Tierpark, dass man bereits mit einer Umstellung der Fütterung der Tiere die Ausgaben zu drosseln versuche. Noch 1960 lebten 63 % der Tiere in provisorischen Unterkünften, vor allem der Bau der Wärmehäuser verzögerte sich wegen ständigen Materialmangels.[25] Auch ein Freigehege für die Wölfe gab es noch nicht, obwohl das Rudel längst vor Ort war und in einer engen Übergangsunterkunft lebte.[26] Gleichzeitig zeichneten sich beide Einrichtungen

22 *Milu – Mitteilungen aus dem Tierpark Berlin-Friedrichsfelde* 1,6 (JAHR), S. 427.

23 Heinrich Dathe an OB Max Schneider, 12.05.1956. LAr Berlin, C Rep. 120, Nr. 1936.

24 Tierpark Berlin: *Wegweiser durch den Tierpark*. Berlin: Tierpark 1957, S. 4.

25 Entwurf des Planes für die Weiterentwicklung und Fertigstellung des Tierparks Berlin. LAr Berlin, C Rep. 110-04, Nr. 12, S. 10.

26 Rede Heinrich Dathes zur Gründung der Gemeinschaft der Förderer, 28.03.1956. Ebd.

durch den rasanten Zuwachs ihres Tierbestandes aus, was zwangsläufig mit Veränderungen des tierlichen Alltags einherging. Der ständige Zukauf konnte nur durch den boomenden Tierhandel der Nachkriegszeit und die zunehmende Professionalisierung der Tierzucht in den Zoos befriedigt werden. Der Tierpark nahm als wichtigsten Ausweis seiner vorbildlichen Tierhaltung seine Zuchterfolge – Pelikane, Wölfe, später auch Flamingos wurden zu einer nachwachsenden Ressource im Währungssystem der Zoos. Deutlich schlechter sah es auf dem freien Markt aus – er war auf Devisen angewiesen, um die Tierarten von den Händlern des Westens einzukaufen. Insgesamt entwickelte sich der Tierpark zu einem gigantischen ‚Umschlagplatz' für Tiere aller Art. Das lag nicht zuletzt daran, dass der Tierpark zur zentralen Transitstation zwischen Ost und West geworden war, wo die Tiere vor ihrem ‚Systemwechsel' in Quarantäne stehen mussten. Auch die legendäre Pandabärin Chi-Chi hielt sich auf dem Transit von China über Moskau nach Westeuropa gut drei Wochen im Tierpark auf, bevor sich ihre Odyssee fortsetzte.[27] All diese Bewegungen, Verschickungen und Verschiebungen aber waren mit Stress und Risiken für die Tiere verbunden.[28] Zudem wirkte sich der Kalte Krieg auch auf einzelne Transportwege aus: Als der Tierpark beispielsweise eine Eselstute aus dem französischen Poitou erwarb, wurde ihr der Transport durch Westdeutschland verwehrt. Die Stute musste verschifft werden, was für sie erhebliche Auswirkungen hatte: Sie wurde seekrank.[29]

Jenseits der reinen Zurschaustellung gab es auch physisch genutzte Tiere – Löwenbabys wurden als Fotomotiv Zoobesucher/innen auf den Schoß gesetzt, Kinder ritten auf Ponys durch die Anlage und in der Schlangenfarm des Tierparks wurde den Tieren Gift zur Medikamentenherstellung entnommen.[30] Neben den wohl in allen Zoos üblichen Fluchtbewegungen berichtete Dathe allerdings auch von Übergriffen der Zootiere: Ein „junger Kasuar schlug einen Neufundländer zusammen, ein huhngroßer Trompetenvogel

27 Henry Nicholls: *The Way of the Panda: The Curious History of China's Political Animal.* London: Profile 2010, S. 84.

28 Heinrich Dathe / Ulla Zernicke: *Oase. Der Tierpark in Berlin.* Wittenberg: Ziemsen 1972, o. P. [S. 48].

29 Heinrich Dathe: *Im Tierpark belauscht.* Wittenberg: Ziemsen 1971, S. 52.

30 Tierpark Berlin: *Wegweiser durch den Tierpark.*

scheuchte auch die größten Hunde und brachte sie in Trab."[31] Gleichzeitig nutzten die freien Tiere der Stadt den Zoo als Versorgungsbasis; Lach- und Sturmmöwen sammelten sich an den Futtertrögen der Lamas, Rabenvögel saßen auf Büffeln und Hirschen und verköstigten sich in den Huftiergehegen, und die Stockentenzahlen wuchsen, weil sie laut Dathe im Tierpark „Sicherheit und Futter" fanden.[32] Die Insassen wurden in dem modernen Tierpark Friedrichsfelde allerdings, glaubt man der internen Statistik, älter als ihre Artgenossen jenseits des Sektorengrenzen. Als großen Erfolg vermeldet man,

> daß die Todesfälle, die im internationalen Maßstab der Zoologischen Gärten zwischen 16 und 36% des Tierbestandes liegen, im Tierpark Berlin im Jahre 1959 [...] ca. 12% betragen, also erheblich unter dem Minimum.[33]

## Der Zoo als symbolischer Raum: Die Semiotik der Zoos im Kalten Krieg

Zoos hatten auch und vielleicht in erster Linie, die Funktion, die Welt zu erklären und Zugehörigkeiten darzustellen: Jede entsprechende Entscheidung – ob nun die Anordnung nach geographischen oder taxonomischen Kategorien vorgenommen wurde – musste Auswirkungen auf die Lebensrealität der Tier haben. Jedwede Ordnung sollte Klarheit vermitteln, diskursive Zugehörigkeiten und politische Zuordnungen spatial untermauern helfen. Dies war indes in der unmittelbaren Nachkriegszeit noch kaum möglich gewesen und so kam es bisweilen zu ungewollten Vermengungen. So war im *Wegweiser* durch den West-Zoo zu lesen, dass im „indianischen Holzhaus" noch „stilwidrig" die „indischen Gudzerat- und Nellore-Zebus" untergebracht werden mussten, und noch schwerwiegender, dass das russische Blockhaus „noch die nordamerikanischen Bisons aufnehmen muss".[34]

Dass der Zoo ein Ort für politische Symbolik war, wurde einmal mehr klar, als US-Justizminister Robert Kennedy 1962 den Zoo besuchte und als Geschenk einen Weißkopfseeadler als politische

31 Dathe / Zernicke: *Oase*, o. P.

32 Ebd.

33 Entwurf des Planes für die Weiterentwicklung und Fertigstellung des Tierparks Berlin. LAr Berlin, C Rep. 110-04, Nr. 12, S. 6.

34 Klös: *Wegweiser*, S. 57.

Ikone der USA mitbrachte.[35] Das Geschenk Kennedys an die Berliner sollte die Verbundenheit der USA mit Berlin symbolisch untermauern helfen. Es war hier Teil einer ‚Cold War Culture', die eine universale Werteordnung in die Alltagspraxen hineinzugeben half. Diese funktionierte auch im Osten der Stadt: Der Tiergarten verkörperte Normalisierung, Etablierung und Zivilisiertheit. Und diese Insignien der Staatenbildung hatte er umgehend zu übernehmen – bereits im unfertigen Stadium. Als im Juli 1955 der Präsident Wilhelm Pieck mit einem Löwenbaby auf dem Schoß lächelnd durch den Park chauffiert wurde, war erst ein Bruchteil erschlossen – ein Provisorium, das aber reichte, um die Legitimität Ostberlins als Hauptstadt der DDR mit ganz traditionellen Herrschaftsbildern zu kommunizieren. Denn selbstverständlich besaß dieser Ort eine höchstpolitische Repräsentationsfunktion: Hier ging es auch um die internationale Achtung des sozialistischen Staates im internationalen Kontext. Die Modernität des Zoos konnte gar ein Rollenmodell liefern und versprach in der westlichen Rezeption eine ungewöhnliche Spitzenstellung der DDR.

## Fazit

Das Ordnen und die Darstellungsformen von Tieren stellen zentrale Kategorien der Menschfindung, aber eben auch der Staatenbildung dar.[36] Mit Tora Holmberg sind sie Bestandteile einer „multi-species"-Politik, die darüber entscheidet, welche Bedeutungen und Funktionen bestimmten Orten zukommen.[37] Im Fall der Zoos in Ost- und West-Berlin wurde von beiden Seiten erkannt, dass die Zoos jeweils „konkurrenzfähig" zu machen seien – auch unter größten Anstrengungen. Sie waren damit Projektionsflächen des Kalten Krieges und gleichsam Teile des Akteur-Netzwerkes. In den amtlichen Quellen

35 Harald Reissig: Zoologischer Garten, Hardenbergplatz 1. In: Helmut Engel / Steffi Jersch-Wenzel / Wilhelm Treue (Hrsg.): *Geschichtslandschaft Berlin: Orte und Ereignisse*, Bd. 2: Tiergarten. Vom Brandenburger Tor zum Zoo. Berlin: Nicolai 1989, S. 323–342, hier S. 340.

36 Mieke Roscher: „Tiere, die dem Kaiser gehören…" Das Tier als politisches und kulturelles Ordnungswesen. In: Mehret Fehlmann / Margot Michel / Rebecca Niederhausen (Hrsg.): *Tierisch! Das Tier und die Wissenschaft. Ein Streifzug durch die Disziplinen.* Zürich: Vdf Hochschulverlag 2015, im Erscheinen.

37 Tora Holmberg: *Urban Animals: Crowding in ZooCities.* London: Routledge 2015, im Erscheinen.

spiegelte sich nicht nur das innere Beziehungsgeflecht der beiden deutschen Staaten, sondern auch die sich verschärfende Systemkonkurrenz zwischen Ost und West wider.[38] Tiere in zoologischen Gärten galten für den Transfer politischer Botschaften schon immer als besonders geeignete Übermittler.

Die von uns präsentierten Ansätze einer Dechiffrierung der symbolischen Bedeutungen und der diskursiven Aufladungen, die diesen Tieren in ihrer Form als Repräsentationsflächen wie auch als Träger von Botschaften zukamen, kann sicherlich noch erweitert werden. Da in unserem Quellenmaterial recht wenig von einzelnen Tieren und ihren jeweiligen individuellen Interaktionen mit Menschen die Rede war, ist es mitunter schwierig nachzuweisen, in welcher Art und Weise diese Tiere abseits ihrer symbolischen Wirkmacht das Geschehen mitgestalteten. Hier ist noch viel Potential vorhanden, konkretere Narrative zu nutzen was beispielsweise Fluchtbewegungen, Widerstandsformen, aber auch Annäherungen betrifft. Natürlich gibt es hier einzelne Tiercharaktere und -biografien, wie die Knautschkes oder Chi Chis, die exemplarisch untersucht werden könnten. Der Eindruck, den sie jedoch ganz individuell auf die im Aufsatz besprochenen systemimmanenten Verschiebungen hatten, lässt sich schwer beschreiben und verallgemeinern, zumal in einem absoluten System wie dem Zoo, der ja gerade auf die Kontrolle der tierlichen Handlungen abzielt. Als ‚more-than-human-place' ist der Zoo dennoch ein Ort, der der Perspektive der historischen Tierforschung bedarf. Hier kondensierten sich Netzwerke, die für die Konstruktion politischer Realität auf die ‚Produktion' bestimmter Tiere angewiesen waren und die symbolisch aufgeladen werden konnten. Gleichzeitig besaßen die Tiere neben den ihnen eingeschriebenen Diskursen eine eigene relevante Wirkmächtigkeit und Raumaneignung, die eine spezifische Dynamik und Dimension aufweist und deshalb für eine erweiterte Geschichtsschreibung lohnt.

38 Herrmann Wentker: Die gesamtdeutsche Systemkonkurrenz und die durchlässige innerdeutsche Grenze. In: Dierk Hoffmann / Michael Schwartz (Hrsg.): *Vor dem Mauerbau: Politik und Gesellschaft in der DDR der fünfziger Jahre*. München: Oldenbourg 2003, S. 59–76.

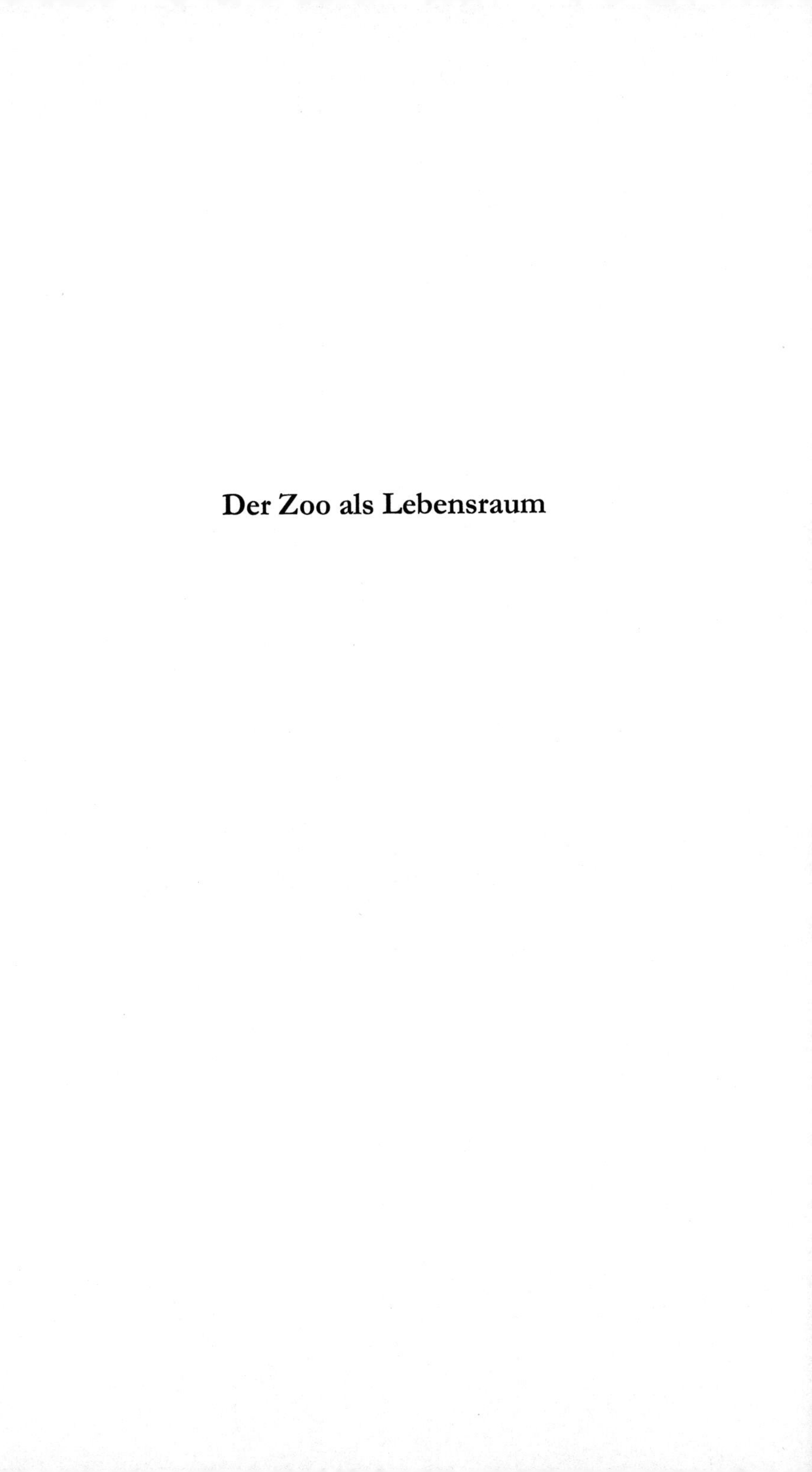

# Der Zoo als Lebensraum

# Eine „grüne Hölle“ im Zoo

## Die Regenwaldhalle als idealisiertes Habitat in Europa[1]

Julia Siegmundt

Die BesucherInnen des Zürcher Zoos erreichen die Masoala-Regenwaldhalle durch einen dunklen, fast schwarzen Tunnel, der nur punktuell Tageslicht durch einzelne Lichtröhren hineinlässt. Die Geräusche und Stimmen sind gedämpft, an den Wänden befinden sich Bilder und Textinformationen zur Masoala-Halbinsel Madagaskars. Nach wenigen Metern betritt der Besucher durch eine doppelflügelige Tür das Innere der Halle. Sogleich schlägt ihm die feuchte, schwere Hitze des tropischen Regenwaldes entgegen, die die Brille und das Objektiv der Fotokamera beschlagen lässt. Wenige Minuten später ist er gezwungen, seine dicke Jacke auszuziehen, die ihn kurz zuvor noch vor den winterlichen Temperaturen des grauen Zürichs geschützt hat.

Doch nicht nur die Temperaturen unterscheiden sich erheblich von denen der Außenwelt, auch die Geräuschkulisse ist eine komplett andere. Es scheint, als würden tausende Vogelstimmen durch den Raum der großen Halle schwirren. Fremde Geräusche, die man keinem bekannten Tier zuordnen kann, erzeugen das Gefühl, sich an einem sehr fremden, unbekannten Ort zu befinden.

Der Eintritt in den *Masoala Regenwald*, so die offizielle Bezeichnung seitens des Zoos, der sich auf dem Zürichberg oberhalb der Stadt befindet, ist ein Eintritt in eine komplett andere, exotische Welt. Beim Publikum ruft es Faszination und Erstaunen hervor, dass inmitten des westlichen Europas die Möglichkeit besteht, der grauen Tristesse der winterlichen Schweizer Stadt zu entfliehen und einzutauchen in einen tropischen Regenwald, der im Original tausende Kilometer entfernt ist.

Die Masoala-Halle zeigt die nahezu perfekte Kopie eines bestehenden Ökosystems und ist zugleich eine ganz eigene Entität. Es stellt sich die

1 Ich danke dem Tiergarten Schönbrunn, dem Zoo Zürich sowie der Gautschi Storrer Architekten AG und der Vogt Landschaftsarchitekten AG für die Zusammenarbeit.

Frage, was diese Art von zoologischer Anlage eigentlich ist und wie sie entstanden ist. Dieser Artikel setzt sich mit der Behauptung auseinander, dass die Ökosystemhallen, hier beispielhaft die Regenwaldhalle, ein prägnantes Beispiel für den heterotopischen Charakter der zoologischen Gärten sind. Denn Michel Foucault folgend, können auch zoologische Gärten *Heterotopien* sein, die im Sinne einer realisierten Utopie einen anderen Raum schaffen, „[…] der im Gegensatz zur wirren Unordnung unseres Raumes eine vollkommene Ordnung aufweist."[2] Im Zuge der Herleitung und Exemplifizierung des heterotopischen Charakters der Ökosystemhallen und generell des Zoos werden auch die Entstehung und die alltäglichen Herstellungsweisen dieser speziellen zoologischen Anlage aufgezeigt.

## Heterotopien – Andere Räume

Michel Foucaults Konzept zu den Heterotopien besitzt einen skizzenhaften und unfertigen Charakter. Vielleicht wurde es deshalb von so vielen unterschiedlichen Wissenschaftsdisziplinen immer wieder aufgegriffen, erweitert und von so manchem auch wieder verworfen. Es ist ein Konzept um besondere Räume, auch sogenannte Gegen-Räume (*contre-espaces*) zu beschreiben, die sich quasi außerhalb der Gesellschaft befinden und dennoch mittendrin sind: Orte, die mit allen anderen verbunden sind und dennoch nach einer ihnen eigenen, spezifischen Logik funktionieren.[3] Foucault legt für die Heterotopien sechs Grundsätze fest[4]: Universalität, Veränderbarkeit, Vereinigung des Unvereinbaren,[5] Zeit, Isolation und Durchdringung, Illusion und Kompensation.

Universell sind solche Räume, weil sie überall auftreten können, dabei aber durchaus unterschiedliche Formen annehmen. Sie sind über die Zeit hinweg veränderlich und können ihre Funktion wechseln. Sie

2 Michel Foucault: *Die Heterotopien. Der utopische Körper. Zwei Radiovorträge*. Frankfurt am Main: Suhrkamp 2005, S. 19–20.

3 Vgl. Michel Foucault: Andere Räume. In: Karlheinz Barck (Hrsg.): *Aisthesis. Wahrnehmung heute oder Perspektiven einer anderen Ästhetik*. Reclam: Leipzig 1992, S. 34–46, hier S. 38–39.

4 Für die folgenden Ausführungen siehe ebd., S. 34–46; Foucault: Die Heterotopien, S. 7–22.

5 Hamid Tafazoli / Richard T. Gray: Einleitung. Heterotopien in Kultur und Gesellschaft. In: Dies. (Hrsg.): *Außenraum – Mitraum – Innenraum. Heterotopien in Kultur und Gesellschaft*. Bielefeld: Aisthesis 2012, S. 7–34, hier S. 12.

vereinen Räume in sich, die ganz heterogen und inkompatibel scheinen und sind zugleich Räume, in denen die Zeitlichkeit aufgehoben ist, in denen die Zeit quasi angehalten wird. Diese Gegen-Räume sind durch ein System von Öffnungen und Schließungen von der Umwelt getrennt und sind nur bestimmten Personen zugänglich. Vor allem aber kann eine Heterotopie Räume in Frage stellen, indem sie die Positionierungen, Institutionen und Regeln in bestehenden Räumen als illusorisch enttarnt oder etwa Räume bildet, die all die Defizite und Unzulänglichkeiten nicht besitzen und all das sind, was die bis dahin real existierenden Räume nicht waren.

Diese Prinzipien der Heterotopie sind auch in den Zoos auszumachen. Bei ihnen scheint es sich um solche besonderen Räume zu handeln, die nach einer eigenen, spezifischen Logik funktionieren. Insbesondere die Regenwaldhallen, für die die Masoala-Halle ein ideales Beispiel bietet, können als quasi real existierende Utopien, als diese sogenannten *anderen Räume*, verstanden werden.

## „Constructed Nature“[6] – Ein tropischer Regenwald in Europa

Die heutigen modernen Ökosystemhallen sind das Ergebnis einer Entwicklung, die seit der zweiten Hälfte des 20. Jahrhunderts beobachtet werden kann. Als Gründe für die vermehrte Realisierung solcher Bauten können angeführt werden: 1. Technische Innovationen ermöglichen es, mit Hilfe neuartiger Materialien und Bauweisen solche Projekte umzusetzen; 2. veterinärmedizinische Fortschritte und neue Erkenntnisse erlauben es nun, Tiere in Gemeinschaftshaltungen und in Anlagen mit natürlichen Materialien zu halten, was früher aus hygienischen Gründen schwierig umzusetzen war; 3. die finanziellen Möglichkeiten der Zoos haben sich im Zuge der nachfolgend beschriebenen Transformationen vermehrt, verändert und erweitert.

Viel entscheidender als die monetären und technischen Rahmenbedingungen waren die politisch-ideologischen Veränderungen des Zoogedankens. Zoos durchliefen seit jeher Transformationen, die teilweise eng mit gesellschaftlichen Entwicklungsprozessen verknüpft waren. Die politischen und gesellschaftlichen Umbrüche der westlichen

6 Dieser Begriff stammt von Vogt Landschaftsarchitekten AG, die, neben anderen, mit der Konzeption der Masoala-Halle beauftragt waren.

Welt in den 1960/70er Jahren führten auch zu einem tiefen Wandel in den zoologischen Gärten: Sie gerieten verstärkt unter Rechtfertigungsdruck, da die Haltung von Tieren in Gefangenschaft und die Existenz von Zoos generell durch die Tierrechts- und die Tierbefreiungsbewegung in Frage gestellt wurde und bis heute wird.[7] Hieran schloss sich die Ökologie- und Nachhaltigkeitsdebatte an, die den menschlichen Umgang mit natürlichen Ressourcen und Lebensräumen thematisierte.

Die zoologischen Gärten reagierten auf diese Krisen, indem sie den Natur- und Artenschutz als eine ihrer Hauptaufgaben formulierten.[8] Sie wollten nicht mehr nur einzelne Tiere systematisch als Stellvertreter ihrer Art zeigen, sondern den BesucherInnen komplette Ökosysteme, deren Funktionsweise und Zusammenspiel präsentieren und erklären. Die Darstellung ganzer Lebensräume wurde seit Mitte der 1970er mit den sogenannten *immersiven Anlagen* perfektioniert.[9] Folgendes Konzept liegt diesen Anlagen zugrunde:

Die Gehege sollen so gestaltet sein, dass sie den ‚ursprünglichen', ‚natürlichen' Lebensräumen der gezeigten Tiere möglichst ähneln und dem Publikum eine perfekte Illusion bieten. Besucherbereiche und Anlagen für die Zootiere sollen aus den gleichen Materialien konstruiert sein und idealerweise ineinanderfließen, so dass der Eindruck entsteht, Zootiere und ZoobesucherInnen würden sich gemeinsam in einem Lebensraum befinden, durch keine Grenzen, Gitter oder Glasscheiben voneinander getrennt. Hierdurch wird der bloße menschliche Blick, der das einzelne Tier in seinem Käfig betrachtet, aufgelöst und ersetzt durch eine gemeinsame Raumerfahrung von Zootier und

7 Vgl. Eric Baratay / Elisabeth Hardoiun-Fougier: *Zoo. Von der Menagerie zum Tierpark*. Berlin: Wagenbach 2000, S. 188–193; Jan-Erik Steinkrüger: *Thematisierte Welten. Über Darstellungspraxen in Zoologischen Gärten und Vergnügungsparks*. Bielefeld: Transcript 2013, S. 206.

8 Die anderen Aufgaben, die die wissenschaftlich geführten Zoos für sich formulieren sind Erholung, Bildung und Forschung. Zur Fokussierung auf den Arten- und Naturschutz siehe die Welt-Zoo und Aquarium-Naturschutzstrategie, erstmals 1993 veröffentlicht und 2005 erneuert. WAZA: *Zoos und Aquarien für Naturschutz. Die Welt-Zoo- und Aquarium-Naturschutzstrategie*. Bern: WAZA 2005.

9 Zum Konzept der „landscape immersions" siehe Jon C. Coe: Design and Perception: Making the Zoo Experience Real. In: *Zoo Biology* 4,2 (1985), S. 197–208; David Hancocks: *A Different Nature. The Paradoxical World of Zoos and Their Uncertain Future*. Berkeley: University of California Press 2001.

Besucher, der eine „Ethik der Mitgeschöpflichkeit“ zugrunde liegt.[10] Mittels dieser Ausgestaltung der Zooanlagen rückt der Umstand in den Hintergrund, dass sich die Tiere in menschlicher Gefangenschaft befinden.[11]

Die immersiven Präsentationsformen im Zoo finden besonders in den modernen Ökosystemhallen ihre Verwirklichung, die mit Gewächs- oder Tropenhäusern, wie sie oftmals in botanischen Gärten zu finden sind, nur noch wenig gemein haben. Seit den 1980er Jahren scheinen sich diese besonderen zoologischen Anlagen einer immer größeren Beliebtheit unter den Betreibern und Planern von Zoos, aber auch unter den Gästen zu erfreuen. So wurden in den letzten 30 Jahren mehrere solcher Hallen in europäischen Zoos errichtet, die teilweise große Unterschiede in den Dimensionen, der Gestaltung, besonders aber in der Umsetzung des Immersionskonzeptes und in der Thematik aufweisen: So möchte etwa der Kölner Zoo in einer Halle den südostasiatischen Regenwald zeigen. Das im Zoo Leipzig 2011 neu eröffnete *Gondwanaland* soll einen Eindruck der Flora und Fauna des prähistorischen Urkontinents der Südhalbkugel vermitteln. Und der im Jahr 2014 generalsanierte und wiedereröffnete Zoo in Vincennes bei Paris vereint in einem großen Tropenhaus die Vegetation und Tierwelt von Madagaskar und Guyana. Diesen meist riesigen Gebäuden liegt die Idee zugrunde, ein funktionierendes Ökosystem in seiner Ganzheit zu schaffen, in dem das Zusammenleben der verschiedenen Lebewesen gezeigt wird.

Die erste Anlage in einem Zoo, die einen tropischen Regenwald darstellte, aber noch keine Ökosystemhalle war, wurde 1985 im Bronx Zoo als *Jungle World* eröffnet. Obwohl hier das Immersionskonzept noch nicht zum Tragen kam, sollte die Gestaltung den BesucherInnen einen lebendigen Eindruck des Regenwaldes und seiner Komplexität vermitteln.[12]

Die erste Ökosystemhalle in einem Zoo wurde 1988 in Arnheim unter dem Namen *Burgers' Bush* eröffnet. Die Anlage erstreckt sich

10 Veronika Hofer: Wissenschaft und Authentizität. Der Schönbrunner Tiergarten in der ersten Hälfte des 20. Jahrhunderts und die Anfänge der Tiergartenbiologie. In: Mitchell G. Ash (Hrsg.): *Mensch, Tier und Zoo. Der Tiergarten Schönbrunn im internationalen Vergleich vom 18. Jahrhundert bis heute.* Wien: Böhlau 2008, S. 251–279, hier S. 269–270.

11 Steinkrüger: *Thematisierte Welten*, S. 208.

12 Hanckocks: *A Different Nature*, S. 123.

auf 15.000 m² und stellt das tropische Klima dar, in dem Pflanzen und Tiere der tropischen Regenwälder in Südostasien, Afrika und Mittel- und Südamerika leben. Der Burgers' Zoo nennt diese Anlage *Öko-Display* und will damit die biologischen Prozesse eines Ökosystems darstellen, in dem alle Lebewesen in ihrem komplexen Zusammenspiel gezeigt werden.[13]

Am Anfang der Planung dieser zoologischen Anlagen steht zumeist die Prämisse, dass eine bestimmte Botschaft an die BesucherInnen vermittelt werden soll. Da sich die meisten modernen Zoos als Naturschutzzentren verstehen, geht es in vielen Fällen um eine Natur- und Artenschutz-Message, die das Bewusstsein des Publikums für diese Thematiken wecken soll oder auch mit impliziten und expliziten Aufforderungen an die BesucherInnen verknüpft ist, sich entsprechend zu engagieren. Die Regenwälder eignen sich besonders gut dafür, da sie einerseits durch ökonomische Entwicklungen und damit verbundene menschliche Eingriffe stark bedroht und andererseits in der Form der immersiven Anlagen sehr gut und spektakulär darstellbar sind. Denn ein weiterer, nicht zu vergessender (Geschäfts-)Zweck solcher Hallen ist es, den BesucherInnen ein Erlebnis zu bieten, das sie emotional und mit all ihren Sinnen anspricht. Um dies zu ermöglichen, bedarf es hoher Investitionen und einer langjährigen Planung, an der Spezialisten aus Zoo, Architektur und Landschaftsarchitektur beteiligt sind.

13 Interessant ist, dass die Konzeption von *Burgers' Bush* etwa zeitgleich mit der Planung des Projektes der *Biosphere 2* in den USA stattfand. Hier sollte ein eigenständig funktionierendes Ökosystem geschaffen werden, das komplett unabhängig von der Außenwelt war. Im Gegensatz dazu ist das *Öko-Display* in der Halle des Arnheimer Zoos nicht hermetisch von seiner Umwelt abgeschlossen. Joep Wensing: BURGERS' BUSH. Der Versuch ein Ökosystem zu präsentieren. In: *Zeitschrift des Kölner Zoos* 43,2 (2000), S. 93–100, hier S. 94.

## Zürich und Schönbrunn – Ausgestaltungen von Heterotopien

Die Masoala-Halle ist eines der neueren Bauwerke des Zoos Zürich und Teil eines Masterplans[14], der die bauliche Ausgestaltung des Zoos bis weit in das Jahr 2030 hinein festlegt. Sie wurde 2003 (Planungs- und Bauzeit insgesamt zehn Jahre) fertiggestellt und ist wohl die Ökosystemhalle eines europäischen Zoos, in der das Konzept der Immersion und der Monothematik und Monogeographik am stringentesten umgesetzt wurde. Sie soll den Regenwald der madagassischen Halbinsel Masoala abbilden und ist eng an ein Naturschutzprojekt zum Erhalt des Regenwaldes in Masoala geknüpft.

Die Halle besitzt mit 11.000 m$^2$ eine beeindruckende Größe und wurde mittels eines intensiv durchdachten Raum- und Präsentationskonzeptes gestaltet. Das Dach der Masoala-Halle besteht – wie in Arnheim – aus einer speziellen Folie, die eine sehr gute Durchlässigkeit von UV-Strahlen ermöglicht, was für die Entwicklung der Pflanzen und Tiere dringend nötig ist. Zudem gestattet diese Folie die großzügige und sehr luftige Bauweise der Halle. Haupt- und Nebenwege wurden angelegt, Pflanzen, Seen und Wasserfälle in einer bestimmten Ordnung platziert, so dass sich spezifische Einblicke und Sichtachsen ergeben – so vermeidet man etwa, dass BesucherInnen sich gegenseitig sehen können (*cross-viewing*). Die Dimensionen verschwimmen und die Maßstäbe gehen verloren, so dass das Publikum kein Gefühl mehr für die tatsächliche Größe der Halle hat. Es soll sowohl physisch als auch mental den Eindruck bekommen, dass es sich tatsächlich in einem Regenwald befindet.

Dieser Eindruck wird dadurch verstärkt, dass keine sichtbaren Grenzen – weder die Grenzen des Gebäudes nach außen, noch die Grenzen zwischen Menschen und Tieren – wahrnehmbar sind. Die Tiere können sich in diesem ihrem Lebensraum frei bewegen. Für den menschlichen Besucher bestünde die Möglichkeit, einen roten Vari oder einen Taggecko zu berühren und zu spüren. Einzig den

14 Matthew Hatchwell / Alex Rübel: The Masoala Rainforest: A Model Partnership in Support of In Situ Conservation in Madagascar. In: Alexandra Zimmermann / Matthew Hatchwell / Lesley A. Dicki (Hrsg.): *Zoos in the 21st Century. Catalysts for Conservation.* Cambridge: Cambridge UP 2007, S. 205–219, hier S. 207; Website des Zoos Zürich: http://www.zoo.ch/xml_1/internet/de/application/d297/d1863/f1610.cfm_(Zugriff am 25.11.2014).

Aldabra-Riesenschildkröten (der einzige zoologische Ausreißer, da keine madagassische Art) ist die freie Bewegung versperrt.
Im Jahr 2002, nach einer ca. fünf Jahre dauernden Planungs- und Bauzeit, wurde in Wien zum 250-jährigen Jubiläum des Tiergartens Schönbrunn das Regenwaldhaus unter dem Namen *Botschaft der Regenwälder* eröffnet. Diese Anlage, die ähnlich einem klassischen Gewächshaus aus Glas besteht, ist thematisch ebenfalls nur einem einzelnen Gebiet gewidmet und zeigt Pflanzen und Tiere des südostasiatischen Regenwaldes. Auch im Schönbrunner Regenwaldhaus ist es das Ziel, einen Regenwald erlebbar zu machen. Da das Gebäude wesentlich kleiner ist (1.100 $m^2$) als die Masoala-Halle, sind die Dimensionen und die Grenzen viel stärker wahrnehmbar. Neben der Präsentation von Tieren, die sich frei in diesem Gehege bewegen können (etwa Flughunde oder Schlammspringer), gibt es Tiere, die in klassischen Terrarien gehalten werden.
Eine weitere Möglichkeit, bei der hier eine sinnliche Begegnung zwischen Mensch und Tier inszeniert wird, ist eine Fledermaushöhle. Geht man in diese hinein, steigt einem sofort der strenge Geruch in die Nase und man spürt die Luftbewegungen, wenn die Fledermäuse an einem vorbeifliegen; nah genug für eine direkte Berührung kommen sie allerdings nie.
Die Größe solcher und anderer Regenwaldhallen und das besondere Klima sind eine große Herausforderung. Die Bedingungen von Licht, Temperatur und Feuchtigkeit müssen möglichst ideal eingestellt sein, um in Mitteleuropa tropisches Klima glaubhaft und spürbar zu simulieren. Entsprechende technische Anlagen für die Heizung, Belüftung und Bewässerung sind hierfür notwendig. Ein weiterer Punkt, der dieses Projekt einer Ökosystemhalle charakterisiert, ist die Gemeinschaftshaltung verschiedener Tierarten auf einem begrenzten Raum. Um ein Funktionieren zu garantieren, muss hier auf zoologisches und ethologisches Wissen und Erfahrung zurückgegriffen werden. Sowohl bei der Tierhaltung als auch bei der Haustechnik werden erst im Laufe der Jahre durch Versuch und Irrtum Erkenntnisse gewonnen, die dazu beitragen, dass dieses fragile und komplexe System weiterhin bestehen bleibt.
Die PflegerInnen dieser Gehege sind nicht nur mit der Tierpflege beschäftigt, sondern sie sind Allrounder, die ein allumfängliches Wissen über diese Häuser generieren müssen: Sie sind Tierpflegende,

HaustechnikerInnen und GärtnerInnen in einem. Um diese geordnete Wildnis so zu erhalten, muss täglich geschnitten, gedüngt, gejätet und gepflanzt werden. Es ist ein Raum voller Unwägbarkeiten und Unberechenbarem. Flora und Fauna lassen sich nur zu einem gewissen Grad lenken und kontrollieren. Manche Jungpflanzen werden von den Vögeln wieder ausgegraben, oder eine Insektenart wird derart zur Plage, dass sie einen Großteil der Pflanzen anfrisst. Ebenso können ‚Invasoren‘ von außen in die Halle hineingelangen und problematisch werden, wenn es keine Möglichkeit gibt, sie zu kontrollieren.
Es besteht aber auch die Möglichkeit, Arten zu entdecken, die zuvor gänzlich unbekannt waren: So wurden in der Masoala-Halle neue Pilzarten entdeckt. Die Hallen und ihre Bewohner besitzen ein Eigenleben, das nicht planbar ist und nicht durch Inszenierung gesteuert werden kann.

## Die perfekte Illusion oder eine reale Utopie

Es wurde gezeigt, dass der Zoo eine Heterotopie im Sinne Michel Foucaults ist und dass insbesondere anhand der Regenwaldhallen sein heterotopischer Charakter illustriert und exemplifiziert werden kann. Weiterhin wurde dargestellt, dass sich in der Heterotopie Zoo gesellschaftliche Veränderungsprozesse widerspiegeln und einschreiben können und dies dazu führt, dass auch der Zoo tiefgreifende Transformationen durchläuft. Die große Ökosystemhalle ist im Moment die Form der immersiven Landschaften, die am weitesten fortgeschritten ist. Diese Ausrichtung, im Rahmen derer die Zoos den Natur- und Artenschutz zu einer ihrer Hauptaufgaben erklärt haben und auch mit einem pädagogischen Impetus an die Verantwortung der BesucherInnen appellieren, kann als eine explizit politische Ausrichtung verstanden werden.
In den obigen Ausführungen ist deutlich geworden, dass die Konzeption und Planung dieser Anlagen in den meisten Fällen extrem umfangreich und langwierig ist, da hier eine perfekte Inszenierung entstehen soll, die dem Publikum das Erlebnis eines möglichst authentischen Regenwaldes bieten soll. Es handelt sich hier um sehr fragile Systeme, die aufgrund ihres komplexen Zusammenspiels vieler verschiedener Lebewesen, technischer Anlagen und Materialien sehr anspruchsvoll zu unterhalten sind. Wie diese Lebensräume ausgestaltet sein sollen,

welche Pflanzen und Tiere in ihnen leben und wie sie darin leben, ist von anthropomorphen Vorstellungen geprägt:

> In jedem Fall jedoch stehen Menschen als anerkennende, systematisierende, klassifizierende Subjekte den Objekten (nichtmenschliche Tiere) ihres Interesses gegenüber. Jeder Gehegetyp transportiert mit der Zuweisung nichtmenschlicher Tiere zu ‚ihren' vermeintlichen Lebensräumen – auf die je für sich zutreffende Weise – die Idee einer geordneten Welt. [...] Aber immer sind alle [Tiere] ‚an ihrem Platz'.[15]

Auch wenn diese Räume mit allen Attributen des Natürlichen ausgestattet sind, so sind sie doch etwas zutiefst Künstliches – kulturelle Artefakte, von Menschen erschaffen. Die Tiere, die in ihnen leben, sind keine Wildtiere mehr, da sie in den meisten Fällen nie außerhalb menschlicher Gefangenschaft gelebt haben. Sie sind Zootiere, die vermittels menschlicher Praktiken existieren.

Es zeigt sich, dass diese Systeme durch die menschlichen und nichtmenschlichen BewohnerInnen und BesucherInnen immer wieder Veränderungen erfahren. Ebenso sind dieser Realisierung eines künstlich erschaffenen Ökosystems, eines Regenwaldes in Europa, Grenzen gesetzt. Etwa die physischen Grenzen einer solchen Halle, die dafür sorgen, dass sich dieses Ökosystem nicht ausbreiten kann, nicht wachsen kann. Es wird immer ein Wald auf einer begrenzten Fläche bleiben.

Ein weiterer wichtiger Aspekt ist die Zeit. Hier entsteht ein Paradoxon: Zoos versuchen, im Zuge ihrer Arten- und Naturschutzbemühungen bestimmte Entwicklungen aufzuhalten und einen Zustand zu zeigen, den es so in natura nicht mehr gibt, vielleicht sogar nie gab, sondern der ein rein menschliches Konstrukt ist. Einen Status Quo gibt es nicht: Die Lebensräume, Pflanzen und Tierarten durchlaufen eine Entwicklung und verändern sich stets. Auch die zoologischen Anlagen verändern sich und haben eine begrenzt geplante Lebensdauer. Was danach passiert, ist unsicher und kann niemand genau sagen. Wird dieses künstliche Stück Regenwald dann ebenfalls verschwinden, wie es mit dem Original geschieht?

Die zoologischen Gärten haben den Anspruch, dass die Lebensräume, die sie im Rahmen ihrer immersiven Anlagen dem Publikum

15 Andreas Stark: Die Koproduktion von Raum und Speziesismus. Eine genealogische Betrachtung räumlicher (An)Ordnungen von Tiergehegen. In: *Tierstudien* 6 (2014), S. 43–56, hier S. 54.

präsentieren, möglichst authentisch sein sollen. Der Regenwald in der Masoala-Halle soll sich im Idealfall der perfekten Illusion eines Regenwaldes in Madagaskar annähern. An diesem Punkt stellt sich aber die Frage, inwieweit dies möglich ist:

Die Überlegungen haben gezeigt, dass dies nicht möglich sein kann, denn die Ökosysteme, die in den zoologischen Gärten stellvertretend präsentiert werden, sind selbst bereits kulturelle Artefakte, da sie durch menschliche Hand – Ansiedlung, Holzschlag, Bejagung, Landwirtschaft – verändert wurden, teilweise kaum noch existieren. Es handelt sich eher um die menschliche Idee eines Regenwaldes.

Die Masoala-Halle oder das Wiener Regenwaldhaus sind neue, eigene Entitäten. Hier werden keine Kopien nach einer bereits existierenden Vorlage geschaffen, sondern es entstehen neue Räume, die eigene Logiken, eigene Strukturen und eigene Reproduktionsmechanismen entwickeln. Dies als eine real gewordenen Utopie zu bezeichnen bzw. als eine Heterotopie, ist ein erster Schritt, dieses Phänomen zu beschreiben und zu analysieren.

Nächste Schritte müssen folgen: Die Frage nach den ökonomischen Interessen und Implikationen, die hinter den neuen Zooformen stehen. Die Frage nach dem Legitimationszwang, dem die Institution Zoo unterworfen ist, um überleben zu können. Die Frage nach der Konkurrenzfähigkeit des Zoos gegenüber neuen Medien. Die Frage nach der Rolle, die Zoos als Akteure inzwischen im weltpolitischen Diskurs einnehmen. Und die Frage danach, inwieweit sich diese Fragen gegenseitig bedingen.

So kann eine wissenschaftliche Auseinandersetzung mit und über Zoos stattfinden, die sich problembewusst und ent-ideologisiert mit diesem kulturellen Phänomen befasst.

# Vogel flieg oder stirb

## Die Empirie der Freiheit im Zoo

Priska Gisler[1]

### Einleitung

Zwei Hyazintharas erhielten im Frühjahr 2012 eine neue Bleibe. Mit der Eröffnung des Pantanals, einem südamerikanischen Überschwemmungsland, das im Zoo Zürich nachgebaut worden war, wurde den seltenen Vögeln eine Anlage zur Verfügung gestellt, die sie aus der bisherigen Käfighaltung befreite und ihnen einen Bewegungsraum zugestand, der grösser war als bisher. Neu an dieser Anlage war, dass sie nicht nur bestimmte Tiere zeigte, sondern Papageien auch zu Botschaftern für das Thema des illegalen Tierhandels machte. Das immersive Gebiet entspricht den neuesten Zoo-Standards und erlaubt den Besuchenden die Illusion, mit einem Hausboot vor Ort problemlos und jederzeit zu den Vögeln und anderen Tieren übersetzen zu können.

Hyazintharas sind als Vögel symbolisch mit Vorstellungen von Freiheit verknüpft und gleichzeitig real stark gefährdet. Das macht sie zu begehrten Objekten im internationalen und oftmals illegalen Tierhandelsgeschäft. Aber auch zeitgenössische Zoos, die sich der Erhaltung der Vögel verschrieben haben und ihnen mittels scheinbar natürlicher Lebensräume mehr Freiheit zugestehen, sind in Handlungen involviert, die die Tiere den natürlichen Lebensräumen entnehmen (und sie manchmal auch wieder einzugliedern suchen).

Der vorliegende Beitrag knüpft bei der Thematik der räumlichen Inszenierung und narrativen Hervorbringung spezifischer Mensch-Tier-Beziehungen an. Er resultiert aus einer ethnographischen Studie, die im Zoo Zürich durchgeführt wurde. Inspiriert war die Untersuchung von Michel Foucaults Konzept der Heterotopie als einem ganz anderen Raum, und entsprechend wird die Frage zu beantworten gesucht, was das für Tiere sind, die in einer solchen Anlage leben,

1 Der Beitrag diskutiert Befunde aus dem interdisziplinären Forschungsprojekt „Wir sind im Winterschlaf! Eine künstlerisch und sozialwissenschaftliche Untersuchung der Mensch-Tier-Grenzen im Zoo", gefördert durch den Schweizerischen Nationalfonds, Projekt-Nr. CR11I1_137991, 2012-2015.

woher sie kommen und welche Rolle dabei die ihnen zugewiesenen Räume und die für sie verantwortlichen Menschen spielen.[2]
Dabei wird die These vertreten, dass die Imagination von Freiheit als Charakteristikum des Hyazintharas im Zoo nur möglich ist, weil sie an ein Konzept von Disziplinarmassnahmen und Kontrollmechanismen gekoppelt ist, das gerade aus seiner Brüchigkeit und Transparenz seine Stärke bezieht. Nach einem einführenden theoretischen Teil wird ein Spaziergang durch die Pantanal-Anlage im Zürcher Zoo unternommen, um zu erkunden, was es in Bezug auf die räumliche Koproduktion einer Mensch-Tier-Beziehung mit einer solchen Anlage auf sich hat.

## Orte, die vollkommen anders sind als die übrigen

Neben eher historisch ausgerichteten Studien zum Leben von Vögeln zwischen Freiheit und Gefangenschaft[3] wurde in den letzten Jahren zunehmend die Rolle von Orten als zentrale Momente sozial-räumlicher Beziehungen zwischen Menschen und anderen Lebewesen diskutiert.[4] Insbesondere wies man dabei in den Human-Animal-Studies auf die kulturelle Koproduktion von Tieren und Naturräumen hin.[5] Die Eingrenzung in Gehegen und die Gefangenschaft von Tieren wurde in Bezug auf die Eigenlogiken ebenso wie die öffentliche Wahrnehmung von Zoos besprochen.[6] Erst seit kurzem aber werden räumliche Bedingungen hinsichtlich der Handlungsfähigkeit von

2 Michel Foucault: *Die Heterotopien. Der utopische Körper.* Frankfurt am Main: Suhrkamp 2005.

3 Vgl. dazu z.B. David Hancocks: *Animals and Architecture.* London, Hugh Evelyn 1971; Bruce Thomas Boehrer: *Parrot Culture. Our 2500-Year-Long Fascination with the World's Most Talkative Bird.* Philadelphia: University of Pennsylvania Press 2004; Louise E. Robbins: *Elephant Slaves and Pampered Parrots. Exotic Animals in Eigtheenth-Century Paris.* Baltimore / London: Johns Hopkins UP 2002; Hillel Schwartz: *The Culture of the Copy. Striking Likeness, Unreasonable Facsimiles.* New York: Zone Books 1996.

4 Sarah Whatmore: *Hybrid Geographies. Natures, Cultures, Spaces.* London: Sage 2002.

5 Z.B. Andreas Stark: Die Koproduktion von Raum und Speziesismus. Eine genealogische Betrachtung räumlicher (An)Ordnungen von Tiergehegen. In: *Tierstudien* 6 (2014), S. 43–56. Vgl. auch Nigel Rothfels: From Taxonomy to Conversation. Saving the Przewalski's Horse. Vortrag im Workshop „Observing, Breeding, Cloning. Science at the Zoo (1800 to the Present)", Universität Zürich, 31.05.–01.06.2011.

6 Lothar Dittrich: *Lebensraum Zoo. Tierparadies oder Gefängnis?* Freiburg i. Br.: Herder 1977; Eric Baratay / Elisabeth Hardouin-Fugier: *Zoo: Von der Menagerie zum Tierpark.* Berlin: Wagenbach 2000.

Vögeln und damit als aktives und gestaltendes Element in den Tier-Mensch-Beziehungen spezifisch hervorgehoben.[7] Die „romanticized illusion of wild spaces as being external from human influence“[8], wie sie Charlotte Chambers und Michelle Main für die tierschützerische Gestaltung der Habitate von Eulenpapageien festellen, lässt sich auch für die Herstellung und den Bau zoologischer Gehege mindestens in europäischen Zoos erkennen. Räume für Tiere werden darin oft als möglichst unberührt von menschlicher Hand dargestellt.

Michel Foucault nennt den Zoo, neben etwa dem Persischen Teppich oder dem Kreuzfahrtschiff, explizit in seiner Auflistung heterotoper Räume. Heterotopien, so Foucault, bringen an einem Ort mehrere Räume zusammen, die eigentlich unvereinbar sind.[9] Dabei unterscheidet er insbesondere zwei Varianten: Zum einen können sie einen *Ersatz* für bestehende Orte darstellen oder sie bilden *Illusionsräume*, mit denen sie die Wirklichkeit als Scheinbild ausstellen. Für den Zoo kommen, dies soll gezeigt werden, zuweilen beide Möglichkeiten zum Einsatz.

Heterotopien können (als Ersatz): „ganz real einen anderen realen Raum schaffen, der im Gegensatz zur wirren Unordnung unseres Raumes eine vollkommene Ordnung aufweist.“[10] Anlagen in Zoos sind denn auch meist wohldurchdacht. Übersichtspläne zeigen die Wege und Gehege an, jedes Tier hat seinen eindeutig zugewiesenen Ort, seine Versorgung ist geregelt und strukturiert. Gefährdeten Arten wird, gewissermaßen kompensatorisch, ein bestimmter, geschützter Raum zur Verfügung gestellt.

Aber nicht nur das. Die Räume werden im Rahmen der zoologischen Anlage als scheinbar perfekte Welten präsentiert (Illusion), mittels geeigneter Bepflanzung und einer dem imaginierten Lebensraum angepassten Möblierung und Ausstattung werden Anklänge an das gezeigte Land oder zumindest Differenzen zum hiesigen Raum sichtbar. Keine Spuren der betreuenden Tierpfleger sind zu erkennen. Der Raum wird als anderer Ort für kurze Momente vorstellbar.

7 Charlotte Chambers / Michelle Main: Between “Wild” and “Tame”. Placing Encounters with Sirocco the Kakapo Parrot in Aotearoa/New Zealand. In: *Society and Animals* 22,1 (2014), S. 57–79.

8 Ebd., S. 65.

9 Foucault: *Die Heterotopien*, S. 14.

10 Ebd., S. 19.

Foucault weist mit seinen Überlegungen insbesondere darauf hin, dass Räume nichts Stabiles sind und immer wieder neu und in veränderten Konfigurationen und Überlagerungen gedacht oder verstanden werden. Sie sind auch hierarchisch strukturiert, nicht zuletzt ist er ein großer Theoretiker der Frage, wie Subjektivität und Subjekte in räumlichen Anlagen wie dem Gefängnis oder der Psychiatrie hervorgebracht und bearbeitet werden.[11] Seine Ausführungen rücken die Herstellung der räumlichen Ordnung in den Vordergrund und sie dienen im Folgenden als Inspiration, um die Bedeutung von Raum für Mensch und Tier bzw. deren Einwirkungen aufeinander analysieren zu können. Sie bilden damit den Hintergrund für eine ausführlichere Beschäftigung mit den – oben angesprochenen – Fragen nach der räumlichen Koproduktion von Mensch-Tier-Beziehungen.

## Ein ‚Mosaik aus Feuchtgebieten und Grasländern' und mittendrin: Die Stimme des Hyazintharas

> Pantanal (southern South America): a vast expanse of seasonally inundated grassland across floodplains of midreaches of the Rio Parana.[12]

*a) Willkommen im Pantanal*

*Ein grosses Tor lässt mich als Besucherin die Transpantaneira betreten. „Aqui começa o Pantanal Matogrosense". Es handelt sich nicht um die 145 Kilometer lange Straße, die durch das südamerikanische Naturschutzgebiet des Pantanal führt. Ich befinde mich gerade im Zürcher Zoo, wo es eine Art Miniatur davon gibt. Auf der Website des Zoos habe ich erfahren, dass es sich bei der 2012 eröffneten Anlage um ein „Mosaik aus Feuchtgebieten und Grasländern" handle, dessen „Original" sich in Südamerika befinde,[13] das sich über weite Teile Brasiliens, Boliviens und Paraguays erstrecke. Neugierig gemacht hat mich ein Film einer lokalen Fernsehstation, in dem die zwei in diesem Gehege lebenden, vom Aussterben bedrohten Hyazintharas porträtiert wurden.[14] Die Grösse und Schönheit der*

11 Z. B. Michel Foucault: *Überwachen und Strafen. Die Geburt des Gefängnisses.* Frankfurt am Main: Suhrkamp 1992, S. 295–329.

12 Joseph M. Foreshaw: *Parrots of the World. An Identification Guide.* Princeton / Oxford: Princeton UP 2006, S. 30.

13 http://www.zoo.ch/xml_1/internet/de/application/d5/d2741/f2748.cfm (Zugriff am 26.11.2014).

14 http://www.teletop.ch/programm/sendungen/tiergflueschter/detail/art/hyazintharas-im-zoogflueschter-001629728/ (Zugriff am 26.11.2014).

*Tiere, aber vor allem die Kenntnisse und die Umgangsweise des Tierpflegers mit ihnen beeindruckten mich. Ich erinnere mich jetzt daran, dass ich die Vögel im Innengehege des ‚Exotariums' vor einiger Zeit gesehen und bewundert habe. Nun möchte ich die Tiere im Pantanal aufsuchen und später mit den Menschen, die sich um sie kümmern, Gespräche führen. Zunächst aber bin ich gespannt darauf, die Anlage zu sehen, die der Zoo den schönen Vögeln zur Verfügung stellt.*[15]

Bonita und Blue waren im Winter 2011 in den Zoo Zürich gekommen. Nach kurzer Eingewöhnungszeit war es ihnen erlaubt, in die gerade eröffnete Pantanal-Anlage zu ziehen. Blue, die vorsichtigere und zurückhaltendere der Papageien, war, nachdem ihr ‚Männchen' gestorben war, dem Zoo von einer älteren Dame überlassen worden. Bei Bonita handelte es sich um eine Handaufzucht aus einem deutschen Zoo,[16] so dass sie – auch im Film – zutraulich und fast frech erschien. Sie habe, so meinte der Tierpfleger, „den natürlichen Respekt verloren". Was man für Papageien brauche, ergänzte er im Interview, sei Platz und sie müssten beschäftigt werden, der Rest – also das Züchten – sei „Wille der Natur". Wobei die beiden gerade für diesen ‚Rest', also die Nachzucht nach Zürich gekommen waren. Gespannt wartete man im Zoo darauf, ob der Tausch mit einem Männchen aus Teneriffa klappen würde.

*b) Verschobenes Sprechen*

*Auf meinem Gang ins Pantanal hinein sehe ich weder rechts noch links irgendwelche Papageien. Dafür stoße ich nach wenigen Metern auf ein Polizeiauto, ein Auto der Policia Militar Ambiental. Dieses scheint interessante Fracht geladen zu haben. Bei genauerem Hinsehen entdecke ich, dass sich in Kisten am Boden wunderschöne Tiere, riesige Papageien befinden, die mich durch ihr blaues Gefieder und ihre kräftigen Schnäbel beeindrucken. Auf den zweiten Blick wird klar, dass es sich nicht um lebende Tiere, sondern um kleine Plastiken handelt. Auf dem Heck des Autos sind weitere solcher Hyazintharas gelagert und daneben befindet sich eine Kiste mit (künstlichen) Eiern von vermutlich denselben Vögeln.*

15 Im Zusammenhang mit der ethnographischen Forschung im Projekt „Wir sind im Winterschlaf!" (s. Anm. 1) fanden vom Frühjahr 2012 bis Ende Sommer 2014 für das Teilprojekt „Die Freiheit der Vögel im Zoo" eine Reihe von Besuchen und Gesprächen im Zürcher Zoo statt. Der entscheidende Spaziergang, von dem hier berichtet wird, fand im Frühsommer 2013 statt. Selbstverständlich war er gefolgt von weiteren besonders intensiven Besichtigungen der Pantanal-Anlage im Zürcher Zoo.

16 http://www.teletop.ch/programm/sendungen/tiergflueschter/detail/art/hyazintharas-im-zoogflueschter-001629728/ (Zugriff am 26.11.2014).

*Ein Kommentar oder eine Erläuterung zu dieser Inszenierung ist nirgends zu sehen.*

Dass der Zoo im Pantanal das Thema des illegalen Tierhandels aufgreift, erfahre ich erst später, während des Interviews mit dem Zoopädagogen. Vögel zu wildern, sei in Brasilien lukrativ, der Vogelhandel ein sehr großes Problem, erfahre ich bei der Gelegenheit. Die Tiere würden über die Route Manaus entweder nach Miami oder nach Brüssel bzw. Amsterdam gebracht, von wo die Reise zuweilen bis nach Singapur auf den asiatischen Markt weitergehe. Vor Ort im Pantanal, so habe er es selbst erlebt, seien mobile Truppen im Einsatz. Diese kontrollierten die Autos und konfiszierten die lebenden Objekte, falls solche gefunden würden. Die Dokumentarplastiken würden, so versichert er mir, im Laufe der Zeit eher „noch ein bisschen matter und realistischer".[17]

Die Besuchenden aber werden, wenn sie vor dem Auto der Policia Militar Ambiental stehen, nicht über den Kontext der Situation aufgeklärt. Die Dokumentarplastiken von Vögeln, die gerade für ihre Fähigkeit zu sprechen berühmt sind, bleiben stumm. Sie müssen durch ihre Schönheit und die Sorgfalt ihrer Inszenierung auf und neben dem Polizeiauto bestechen – aber der Zoo erzählt im Folgenden noch mehr mit ihnen.

*c) Vögel in Volieren und Freifluganlagen*

*Gespannt auf die lebenden Hyazintharas gehe ich weiter, vorbei an einer Gruppe von Chile-Flamingos. Ich sehe kurz sowohl rechts als auch links in zwei Anlagen mit Ameisenbären, Tapiren und Capibaras hinein. Niedrige Zäune und ein paar teichartige Gewässer grenzen mich nur unmerklich von ihnen ab. Auf den Bäumen, die teilweise mit Seilen verbunden sind, sollten da nun – nach Plan – nicht die Hyazintharas herumklettern?*

Die Vergesellschaftung von verschiedenen Tieren in einer gemeinsamen zoologischen Anlage ist heute ein wichtiger Weg, um weitere Arten in das Gelände des Zoos einzubringen: auf diese Weise werden immer wieder neue Räume kreiert und Lebensgemeinschaften erprobt. Dabei geht es – dessen ist sich auch ein Kurator sehr bewusst – nicht um das perfekte Nachmachen von Natur, sondern

17 Gespräch mit Roger Graf, Leiter Zooinformation und Edukation, Zoo Zürich, 16.04.2013.

vielmehr um das Ausloten, das ‚Rauskitzeln' von Möglichkeiten. „Wir können die Natur nicht kopieren in dem Sinne".[18]
Viele Anstrengungen wurden unternommen, um die Gehege für die Tiere angenehm zu machen. Den Aras etwa stehen für die Besucher nicht offensichtlich einsichtige, überdachte Futterplätze mit geheizten Unterständen zur Verfügung, so können sie etwas länger draußen gezeigt werden. Für die Tierpfleger werden in den Anlagen Arbeitsplätze eingerichtet, die für die BesucherInnen kaum wahrnehmbar sind. Dazu gehört z. B. der Astwagen, auf dem die Hölzer lagern, die die Tierpfleger den Aras zum Knabbern bereitstellen werden. „Wir probieren, einen Lebensraum so gut wie möglich zu simulieren".[19] Dazu gehört, dass Pflanzen eingebracht werden, die nicht in den gezeigten Regionen endemisch sind, aber für eine Art ‚Wiedererkennungswert' sorgen, der mit gefiederten, runden, langen schmalen Blättern, zum Beispiel mit Rhabarber, erreicht werden kann.
Zur Simulation gehört der für Besuchende unversperrte Blick auf die Tiere und ebenso auf ihre natürlich-scheinende Umgebung, die – wenn nicht als authentisches Südamerikagebiet – dann doch als für die Schweizer Augen fremd erkannt werden kann. Daran gekoppelt ist, für die Besuchenden wiederum nicht wahrnehmbar, dass die Gitter einer Voliere von früher mit dem Stutzen von Flügeln und damit der Herstellung von Fluguntauglichkeit bei den Tieren eingetauscht werden.

*d) Illegaler Tierhandel*

*Die Insel mit den Totenkopfäffchen muss ich auf meinem weiteren Weg auslassen, da sie geschlossen ist, bevor ich schließlich zu einer Art Hausboot gelange, das ich betreten kann. Hier handelt es sich nun um eine Station der Policia Militar Ambiental. Ich staune, als ich die Hütte betrete. Möbel, Geschirr, Büromaterial sind zu entdecken, ebenso ein Schreibtisch, eine Hängematte schwebt mitten im Raum. An den Wänden befinden sich große Poster, die auf gefährdete brasilianische Arten hinweisen. Ich sehe weitere Kisten mit scheinbar beschlagnahmten kostbaren, aber wiederum unechten Papageien. In der offenen Schublade des Schreibtisches finde ich Flyer, Informationsmaterial zum Thema des illegalen Tierhandels. Lebende Aras sehe ich keine weit und breit.*

18 Gespräch mit Robert Zingg, Senior Curator Zoo Zürich, 16.10.2014.
19 Gespräch mit Robert Zingg, Senior Curator Zoo Zürich, 16.10.2014.

Hyazintharas fungieren als gefährdete Art prominent im Narrativ des Zürcher Zoos zum illegalen Tierhandel. Der Einblick in die Polizeistation erhellt wichtige Aspekte davon. Erläutert werden die globalen Handelswege (anhand einer Weltkarte, einer Mapa-Mundi Politico), welche Tiere vom Aussterben bedroht sind (anhand eines Plakats), die Suche und die organisatorischen Bemühungen um das Habhaft-Werden von Wilderern (anhand von Ordnern), die Überwachung der Straßen, die durch das Naturschutzgebiet führen (anhand einer Schiefertafel), die Brutalität, mit der die Tierhändler vorgehen (anhand von Bildern). Aussagen werden aber auch gemacht über die Art und Weise des Kampfes gegen den Handel und über den Zustand, in dem diese Arbeit stattzufinden hat – anhand der Einrichtung der Hütte, der Hängematte, der rudimentären Küchengeräte, dem einfachen Arbeitsplatz des Polizeikommandanten.

Der illegale Handel mit Wildtieren steht bereits an zweiter oder dritter Stelle nach dem Menschen- und dem Waffenhandel[20] und er macht, wie ich von Zoomitarbeitenden erfahre, auch vor der Schweiz nicht halt. Wegen ihrer Seltenheit ist der Export von Hyazintharas aus Brasilien heute verboten.

Nachdem die ersten Hyazintharas in den 1920er Jahren noch durch den privaten Tierhandel – z. B. via Hagenbeck in Hamburg – von Südamerika nach Zürich bestellt wurden, hat sich in der Zwischenzeit ein reger Austausch europäischer Länder und Zoos im Bereich der Papageien entwickelt.[21] Während die Zoologischen Gärten und Parks mit dem Europäischen Erhaltungszuchtprogramm (EEP) untereinander die Tiere tauschen, damit sie die Zucht kontrolliert planen können, kümmert sich, neben den Zoos, ein großer privater Liebhaberkreis an „Exotis“, wie ein Tierpfleger erzählt[22], um das Halten von Papageien. Diese seien aufgrund ihres Knowhows und der zuweilen guten Zuchterfolge für die Zoos durchaus von Bedeutung. Private Donationen spielen neben Konfiskationen durch den Zoll im Erwerb von Papageien für Zoos ebenfalls eine nicht unbeträchtliche Rolle.[23]

20 Tanja Wyatt: Non-Human Animal Abuse and Wildlife Trade: Harm in the Fur and Falcon Trades. In: *Society and Animals* 22 (2014), S. 200.

21 Othmar Röthlin / Kurt Müller: *Zoo Zürich. Chronik eines Tiergartens.* Zürich: NZZ 2000, S. 64.

22 Gespräch mit Thomas Rothlin, Obertierpfleger Zoo Zürich, 09.07.2013.

23 Schriftliche Mitteilung eines Kurators an die Autorin, 05.11.2014.

Es sei ihnen wichtig gewesen, genau zu bleiben, als sie diese Station einrichteten, erzählt der Zoopädagoge später. Die Hängematten vor Ort habe er selber aus dem Gebiet mitgebracht. Das zum Mitnehmen gedachte Informationsmaterial habe er bewusst positiv formuliert. Die Flyer sind im Grunde das wichtigste Element des Hauses: Sie orientieren die Besuchenden darüber, was von Reisen aus fernen Ländern legal mitgebracht werden darf – und stellen mit den impliziten Handlungsaufforderungen eine direkte Verbindung zu ihnen her.

*e) Ein brasilianisches Problem?*

*Immer noch habe ich Bonita und Blue nicht gefunden. Vielleicht ist es derzeit zu kalt für sie im Außengehege? Ich lasse einen letzten Blick aus dem Fenster der Polizeistation über den kleinen Sumpf in die Büsche schweifen. Dann wende ich mich vom Geländer des ‚Hausboots' ab, setze mich an den Schreibtisch und begebe mich so in die Position von Rodrigo Freitas, dem vor Ort arbeitenden Polizisten. Vor mir befindet sich ein ältlicher Computer und das Foto rechts davon stellt vermutlich ein Porträt seiner Frau dar. Ich beginne mich in seine Position einzufühlen und über illegale Tierhändler zu sinnieren, denen man Nacht für Nacht auf die Schliche zu kommen sucht. Ich erschrecke, als ich aus einer Ecke ein schnarchendes Geräusch vernehme und entdecke dann, dass hinter Gitterstäben ein Gefangener auf einer Pritsche liegt. Unter alten Militärwolldecken vergraben, scheint sich eine – vermutlich – männliche Person zu befinden. Soll das ein Wilderer sein, der gefangen wurde, als die Papageien konfisziert wurden?*

In Wirklichkeit habe es auf der Umweltstation, die er besucht habe, gar keine Gefängniszelle gegeben, gesteht mein Gesprächspartner. Aber er hofft, dass der Gefangene zu einem Sprechakt auffordert. Die Eltern würden ihren Kindern sicher erläutern, was es mit dem illegalen Tierhandel auf sich habe. Ob sie allenfalls auch auf die Bedrohung durch eine zu intensive Landwirtschaft im Bundesstaat Mato Grosso, den Bau von Wasserkraftwerken etwa,[24] den illegalen Holzschlag und damit die Habitatzerstörung,[25] das karge Leben der verschiedenen Bevölkerungsgruppen eingehen, diskutieren wir während dieses Gespräches nicht.

24 http://pantanalportal.de/pantanal-news/bevoelkerung-pantanals-erhebt-forderungen-zum-schutz-des-feuchtgebietes/ (Zugriff am 21.11.2014).

25 http://www.artfortropicalforests.org/pages_d/main_news2.html (Zugriff am 21.11.2014).

Schließlich gesteht er, dass die Polizei-Geschichte in der Schweiz vermutlich besser funktioniere, als dies in Brasilien der Fall wäre. Aus brasilianischer Warte würde die Inszenierung hier vielleicht anders interpretiert. Das Misstrauen gegenüber der Polizei sei in Brasilien hoch. Während den Schweizer Besuchern sofort klar sei, dass es sich bei den Vögeln in den Kisten um durch die Polizei beschlagnahmte Ware handle, könnte in Brasilien dasselbe Narrativ ganz anders interpretiert werden.

In der Polizeistation können sich die meist weißen Zoobesucher zwar auf den Stuhl des Polizeibeamten Freitas setzen, sie kriegen ihn aber nicht zu Gesicht. Sie können ihn nicht sprechen. Vor allem können sie sich so als Retter dieser Tiere fühlen, die im Zoo im Grunde auch nichts anderes als Gefangene sind.[26]

## Die prekäre Ordnung, der ambivalente Zoo

Kehren wir zurück zur Ausgangsfrage, was das für Tiere sind, die in einer zoologischen Anlage wie dem Pantanal leben, woher sie kommen und welche Rolle dabei die ihnen zugewiesenen und für sie gestalteten Bereiche und die für sie verantwortlichen Menschen spielen, und überlegen wir ein paar Konsequenzen hinsichtlich der illusorischen und kompensatorischen Bedeutung von Räumen, von denen Foucault spricht.

Feststellen lässt sich zum einen, dass im Zoo die Räume so strukturiert sind, dass echte Aras, lebende Tiere von künstlich hergestellten Dokumentarplastiken und den BesucherInnen getrennt zu leben haben. Wassergräben, Umzäunungen, das Stutzen der Flügel weisen den ersteren ihren Lebensraum zu. Im Pantanal dienen bestimmte Bereiche den lebenden Aras als Ersatz für den durch die künstlichen Vögel eingeforderten Raum. Ein aufklärerisches Narrativ hingegen lässt die dokumentarischen Vogelplastiken in separaten Räumen über den illegalen Tierhandel berichten. Auffälligerweise sind die virtuellen Vögel viel besser zu sehen als die Papageien unterschiedlichster

26 Gemäß Anne Maxwell war das koloniale Narrativ der auf Weltausstellungen gezeigten Menschen aus den Kolonien beim europäischen Publikum deshalb so populär, weil es von den Europäern gemacht war und darin die Weißen als Helden porträtiert wurden. Vgl. Anne Maxwell: *Colonial Photography & Exhibitions. Representations of the 'Native' People and the Making of European Identities*. London / New York: Leicester UP 1999, S. 3.

Art, die sich zwischen den Bäumen zu verstecken pflegen oder sich aus anderen Gründen gar nicht darin aufhalten mögen.
Den Besuchenden wird des Weiteren während ihres Gangs durch den Zoo ermöglicht, den Blick *in* bestimmte Räume zu richten und sich *durch* andere hindurchzubewegen. Auf den Stuhl des Polizisten können sie sich setzen. Sich ins Bett des Gefangenen zu legen, ist wegen der Gitterstäbe nicht möglich. Sie erfahren etwas über den Tierhandel, der aber nicht in ihrem Kontext stattfindet, sondern sich anderswo abspielt. Das Leben der Vögel stellen sie sich eher vor, als dass sie es erleben können.
Wechselweise scheinen da Illusion und Ersatzfunktion der Räume etwas zusammenzubringen. Die Art und Weise des räumlichen Narrativs im Zoo formt Begegnungen zwischen Menschen und Tieren auf unterschiedliche Weise.[27] Die Besuchenden ebenso wie der Zoo selbst verknüpfen das Leben der Aras mit den Umständen im südamerikanischen Pantanal und nicht mit den Umständen ihres Lebens auf dem Zürichberg, den sie hier eigentlich besiedeln. Indem die Umgebung ‚fremd' und zu etwas ‚anderem' gemacht wird, wird sie als etwas dargestellt, von dem sie sich distanzieren können.
Der Hyazinthara wiederum taucht in allen Räumen auf. Auf der einen Seite wird ihm die Freilaufanlage als vergesellschafteter Raum, den er mit anderen Tieren teilt, eingerichtet. Der Preis dafür ist, dass er darin nicht fliegen kann. Auf der anderen Seite ist er als Objekt, als gewildertes und getötetes Tier zu sehen.[28] Das perfekte Bild des in Form einer Plastik gezeigten Aras im Besucherbereich steht dem imperfekten (bis gar nicht anwesenden) Zootier in seiner Anlage gegenüber. Der Übergang vom einen zum anderen Raum ist nur um den Preis seiner völligen Transformation zu haben. Schliesslich fällt auf, dass es sich bei den Illusionsräumen des Zoos um aktuelle Lebensräume für Menschen und Tiere handelt. Es sind die gleichen Räume, in denen Menschen, gefangene Tiere und andere Objekte aufeinandertreffen,

27 Oder es dient, wie Chambers / Main schreiben, „ to actively (re)shape the networks and dynamics of encounter of both human and animals…" (Chambers / Main: Between "Wild" and "Tame", S. 74–75).

28 Homi Bhabha geht in seiner kulturwissenschaftlichen Theorie des Kolonialismus davon aus, dass das Konzept der kolonialen Identität nicht um ein intaktes Spiegelbild aufgebaut ist, was eine perfekte Kopie bedeuten würde, sondern um eine fehlerhafte Wiedergabe, eine gebrochene Existenz. Vgl. dazu Maxwell: *Colonial Photography*, S. 2.

aufeinander angewiesen sind und die Illusion nicht nur als zerbrechliche, sondern vielleicht auch als veränderbare sichtbar machen.

## Epilog: Das Gefängnis, das seine Gefangenen nicht zu beschützen vermag

*Die Hyazintharas habe ich während meines Besuchs im Pantanal nicht gesehen, deshalb nehme ich mir beim Verlassen des Zoogeländes vor, bald zurückzukehren, um auch im Innenstall nach ihnen zu suchen. Es kommt wie ein Schock für mich, als ich wenige Tage später aus der Tagespresse erfahre, dass die Vögel gefressen wurden. Eines Morgens waren – weit von ihrem Gehege entfernt – nur noch ein paar Federn und die Schnäbel der kostbaren Hyazintharas zu finden. Man vermutet spontan – und diese Hypothese wird später bestätigt –, dass ein Marder die beiden Tiere, die offenbar des Nachts im Zoo spazierten, gejagt und weil sie nicht fliegen konnten, vermutlich gefressen hat.*

Als die Hyazintharas etwa ein Jahr nachdem sie die neue Anlage bezogen hatten, von einem Marder jämmerlich erbeutet und gefressen wurden, war die Empörung groß: „Der Marder hat nun ein teures Menu aus Brasilien verspeist. Warum wurde das Gefängnis nicht besser geschützt?“[29] lautete der Blogeintrag eines empörten Tierschützers. Es wurde nicht die Frage nach der Problematik von Freiheit und Gefangenschaft der seltenen Tiere gestellt, sondern im Gegenteil der Zoo angeklagt, die Gehege der Tiere zu wenig gesichert, das Gefängnis gewissermaßen zu durchlässig gebaut zu haben. Foucaults Raum war doch noch nicht zum ganz anderen geworden.

29 Blogeintrag von Alfons Bader, Schönenwerd. http://www.blick.ch/news/schweiz/zuerich/massaker-im-zoo-zuerich-marder-killt-20000-franken-voegel-id2329823.html, (Zugriff am 24.11.2014).

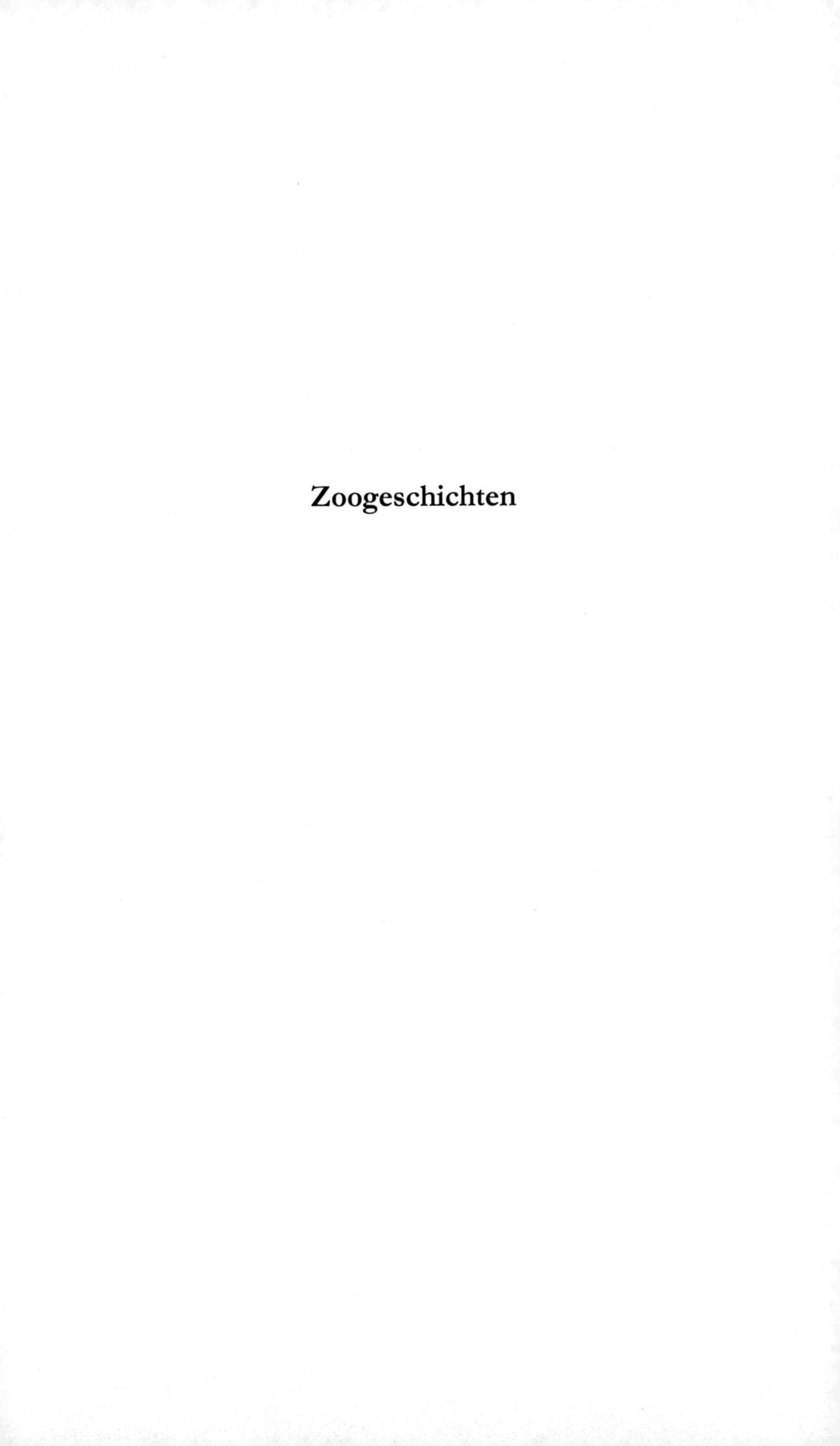

# Zoogeschichten

# Schautiere und ihre Räume

## Der Zoo als Heterotop in russischen literarischen Texten

Dagmar Burkhart

Im Gegensatz zum naturkundlichen Museum, in dem tote Tiere dem Betrachter präsentiert werden, sind Zootiere lebende Objekte der Anschauung. Als Schautiere dienen sie aber nicht nur der Unterhaltung, sondern genügen nach dem legitimatorischen Selbstverständnis moderner Zoos der Wissensvermittlung sowie der Erhaltung bedrohter Arten. In Anlehnung an Michel Foucault lässt sich der Zoologische Garten wie psychiatrische Kliniken, Gefängnisse, Lager, Sanatorien, Bordelle, Friedhöfe etc. zu den Heterotopien zählen, also real existierenden „espaces autres" (anderen Räumen)[1], in denen die Gesellschaft Abweichendes auslagert: Der „andere Raum" vereint eigentlich Inkommensurables, der Zugang zu ihm wird durch ein System von Öffnen und Schließen bestimmt, und er übernimmt Funktionen eines Illusions- bzw. Kompensationsraums.[2] Besonders seit den von Carl Hagenbeck im Jahr 1907 geschaffenen Freigehegen wurde bei den Besuchern die Illusion erzeugt, Tiere als Geschöpfe in freier Natur zu beobachten. Und die „unsichtbare Beherrschung ermöglichte die Projektion angenehmer Gefühle auf das in der inszenierten ‚Natur' ausgestellte Tier"[3].

Weil der Zoo als ein – dank Gitterstäben, Glasscheiben oder Schutzgräben für den Menschen ungefährlicher – Ort der Gegenwart von wilden Tieren und als Ort möglicher Kommunikation von Betrachter und Tier fungiert, kann er dem Menschen in der räumlichen Nähe

1 Michel Foucault: Of Other Spaces: Heterotopias (Des Espaces Autres, 1967). In: *Architecture, Mouvement, Continuité* 5 (1984), S. 46–49, hier S. 46. http://foucault.info/documents/heteroTopia/foucault.heteroTopia.en.html (Zugriff am 15.10.2014).

2 Ulrike Goldschweer hat in ihrer erkenntnisreichen Online-Veröffentlichung *Zwinger, Gefängnis, Irrenanstalt. Der zoologische Garten als symbolischer Raum* (2005) diese Begrifflichkeit für einige prominente Texte der russischen Literatur fruchtbar gemacht. http://homepage.ruhr-uni-bochum.de/Ulrike.Goldschweer/muenchen05.pdf (Zugriff am 19.10.2014).

3 Jutta Buchner: *Kultur mit Tieren. Zur Formierung eines bürgerlichen Tierverständnisses im 19. Jahrhundert.* Münster: Waxmann 1996, S. 165.

zum Tier als Ort der anthropologischen Selbstreflexion dienen. Prominent ist hier zum einen die Idee der Mitgeschöpflichkeit, aber zum anderen auch die des Speziesismus, d. h. der Anschauung, dass der Mensch allen anderen Arten überlegen und daher berechtigt sei, sie nach seinem Gutdünken zu behandeln.[4] Diese anthropozentrische Identitätsbestimmung kommt auch in Literaturtexten zum Tragen. Dabei erweist sich, dass Literatur auf Grund ihrer Fiktionalität, die sie nicht zum Einlösen irgendwelcher Wahrheitsansprüche verpflichtet, imstande ist, eine Vielzahl von Diskursen zu integrieren.

Der übergeordnete Diskurs dreht sich um das Verhältnis von Mensch und Natur, um den „Naturvertrag"[5] und die Art der Aneignung der Welt durch den Menschen. So kommt es beispielsweise zu einer Standortbestimmung des Menschen in Ivan Gončarovs literarischem Reisebericht *Fregat PALLADA* (*Die Fregatte PALLAS*, 1858), in dem der russische Autor seinen „vergnüglichen" Besuch des Zoologischen Gartens in London[6] beschreibt. Quintessenz ist sein Empfinden, sich angesichts der Schautiere als „Herr der Schöpfung" fühlen zu können:

> Ich sah hier keine Mumien oder ausgestopften Tiere wie im Museum, sondern lebende Geschöpfe aus aller Welt. Hier lassen sich vor allem verschiedene Seiten des Lebens von Tieren beinahe im Naturzustand beobachten. Das ist eine andauernde Vorlesung, anschaulich, fühlbar, lebendig, bis in alle Einzelheiten, und gleichzeitig ein ausgezeichneter Spaziergang. Überdies wird jedem Besucher bei diesem Spaziergang das uneingeschränkte Recht zugestanden, das Bewusstsein, Herr der Schöpfung zu sein, auszukosten – und das Ganze für nur einen Schilling.[7]

4 Als signifikant für das mit dem Rassediskurs des Kolonialismus verwandte Zoo-Dispositiv erweist sich die Verbindung von Völker- und Tierschau, wie sie etwa Hagenbeck präsentierte. Durch Zurschaustellung von „Eingeborenen" als „missing-link-Figuren" zwischen Tier und Mensch konnte gleichsam Darwins Evolutionslehre, die als narzisstische Kränkung empfunden wurde, gebannt werden. Siehe Julia Bodenberg: *Tier und Mensch*. Freiburg / Berlin / Wien: Rombach 2012, S. 237–241.

5 So der deutsche Titel einer Schrift von Michel Serres (*1930), der die raubtierhafte Aneignung der Welt durch den Menschen rückgängig machen und durch eine Symbiose mit der Umwelt ersetzen möchte. Michel Serres: *Le contrat naturel*. Paris: Bourin 1990.

6 Der Londoner Zoologische Garten wurde 1828 in Regent's Park gegründet. 1863 erhielt Moskau und 1865 Petersburg einen öffentlichen Zoo, nachdem es vorher nur Tiergehege an russischen Adelssitzen oder mobile Menagerien auf Jahrmärkten und im Zirkus gegeben hatte.

7 Ivan Gončarov: *Fregatte Pallas*, aus d. Russ. v. Horst Wolf. Berlin: Verlag der Nation 1953, S. 56 (Übersetzung von mir bearbeitet, D. B.). Die Originalzitate finden sich in

Den Grundgedanken des Tierethik-Diskurses sowie den Tiergrundrechten Leben, Freiheit, Unversehrtheit verpflichtet ist dagegen Lev Tolstojs im Stil der contes moralisées (aber ohne deren moralisierenden Schluss) geschriebene Erzählung *Lev i sobačka. Byl'* (*Der Löwe und das Hündchen. Eine wahre Begebenheit*, 1880). Hier wird einerseits der Wert der Freundschaft gepriesen (Redefigur des Enkomions, der Preisrede), gleichzeitig aber auch Kritik am Zoo als einer Institution des Freiheitsentzugs und der Vermarktung von Tieren als Ware betrieben:

> In London stellte man wilde Tiere zur Schau und verlangte von den Besuchern Eintrittsgeld oder Hunde und Katzen, um sie an die Raubtiere zu verfüttern. Ein Mann wollte sich die wilden Tiere ansehen: Er fing auf der Straße ein Hündchen und brachte es zur Tierschau. Man gewährte ihm Einlass, das Hündchen aber nahmen sie und warfen es dem Löwen im Käfig zum Fraß vor. Das Hündchen zog den Schwanz ein und drückte sich in die Ecke des Käfigs. Der Löwe näherte sich ihm und beschnupperte es.[8]

Das Hündchen rührt den mächtigen Löwen: Es legt sich in Unterwerfungsgebärde vor ihm auf den Rücken, zappelt mit den Beinen und wedelt mit dem Schwanz. Nachts schläft es neben seinem Freund, das Köpfchen auf dessen Pranke. Der Löwe teilt das Futterfleisch mit dem Hündchen, spielt sogar manchmal mit ihm und weigert sich, das kleine Geschöpf herzugeben, als es eines Tages ein Besucher, welcher das Hündchen im Löwenkäfig als seines erkannt hat, zurückfordert. Das Hündchen erkrankt nach einiger Zeit und stirbt. Als der Löwe endlich begriffen hat, dass sein kleiner Freund tot ist, verweigert er das Fressen und wird nach sechs Tagen selber tot im Käfig gefunden.

Neben der rhetorischen Figur des Enkomions kommt hier die der Prosopopöie (Personifikation) zum Tragen, indem sie am quasi ethischen Gebaren des Tiers erwünschte humane Verhaltensweisen aufzeigt. Mit etwas anderer Akzentuierung thematisiert Aleksandr Kuprins das inadäquate Mensch-Wildtier-Verhältnis in seiner dramatisch pointierten Geschichte *Smert' Cezarja. Novella* (*Cäsars Tod. Eine*

digitalen Bibliotheken und Textausgaben unter lib.ru, rvb.ru u. a. Alle Übersetzungen ins Deutsche stammen, falls nicht anders spezifiziert, von mir, D. B. Die kyrillische Schrift wurde in die lateinische unter Verwendung diakritischer Zeichen transliteriert.

8 Lev Tolstoj: *Lev i sobačka.* www.rvb.ru/tolstoy/01text/vol_10/01text/0130.htm (Zugriff am 21.01.2015).

*Novelle*, 1895), die noch einmal 1908 unter dem Titel *V zverince* (*In der Tierschau*) in einem Sammelband erschien. Die unerhörte Begebenheit, der semantische Kern der Novelle, welche die Verdinglichung und Vermarktung von gefangenen Wildtieren anprangert, besteht hier darin, dass das von seiner Freiheit träumende Raubtier während der Dressur-Vorführung in einer Tierschau erstmals den Gehorsam verweigert und seinen Peiniger angreift. Die Erzählung ist zweiteilig, wobei die beiden Teile wirkungsvoll kontrastieren: Der erste Teil thematisiert, wie der in einem kalten Käfig eingeschlossene Löwe Caesar in der Morgendämmerung von seiner erfolgreichen Jagd in der weiten Savanne träumt; im zweiten Teil wird Caesar, die Hauptattraktion einer deutschen Tierschau, gezwungen, den eingeübten Dressurakt vor Publikum auszuführen. Er opponiert jedoch zum ersten Mal gegen den Dompteur, der ihn immer wieder mit einer Metallrute auf Kopf und Pranken schlägt, verletzt ihn schwer und wird, zusammen mit der Löwin, von dem Wärter erschossen. Im Gegensatz zu diesem Narrativ folgt Kornej Čukovskijs in Gewaltlosigkeit mündendes Poem *Krokodil* (*Das Krokodil*, 1919) einer Semantik der paradiesischen Utopie. „Wir zerbrechen unsere Gewehre, / Wir vergraben unsere Kugeln“, sagen die Menschen in Čukovskijs Poem zu den Raubtieren, „Und ihr feilt euch / Die Krallen und Hörner ab!“[9]

Auf einer Meta-Ebene verortet sich Velimir Chlebnikovs vordergründig als Spaziergang durch den Moskauer Zoo gestaltete Allegorie *Zverinec* (*Tiergarten*, 1909), die durch ihre Wortbilder etwa in Anna Achmatovas Gedicht *M. Lozinskomu* (*Für M. Lozinskij*, 1912) oder Vjačeslav Ivanovs Poem *Mladenčestvo* (*Kindheit*, 1918) widerhallt. Chlebnikov macht sein Poem als Lehrpfad durch den Weltmodell-Garten der Geschichte und Kultur lesbar. Im Subtext verkörpern die Zootiere u.a. ätiologische Mythologeme (Tiger/Islam, Kamel/Buddhismus[10]), oder sie repräsentieren Kultureme, die ein weites Spektrum an Allusionen umfassen: von dem mittelalterlichen *Igorlied* und russischer Folklore über das didaktische *Märchen vom Zarensohn Chlor* aus der Feder Katharinas II. bis zu den russischen Symbolisten (Ivanov) und Malern der Moderne (Vrubel’, Larionov); daneben

9 Kornej čukovskij: *Skazka Krokodil.* http://deti-online.com/skazki/skazki-chukovskogo/krokodil/ (Zugriff am 21.01.2015).

10 Nina Segal: Zverinec Velimir Chlebnikova. In: *Toronto Slavic Quarterly* 35 (2011), S. 197–257, hier S. 198.

Anspielungen u. a. auf Tier-Allegorien von Gustave Doré und Friedrich Nietzsches *Zarathustra*, aber auch auf historische Ereignisse wie den Brand von Moskau oder den Russisch-Japanischen Krieg. Auf einer durch Kultureme geprägten Ebene ist auch Osip Mandel'štams Antikriegs-Poem *Zverinec* (*Tierschau*, 1916/17) angesiedelt, in dem das lyrische Subjekt die Emblemtiere der Krieg führenden Länder – den (gallischen) Hahn, den (britischen) Löwen, den „dunkelbraunen" (deutschen) Adler und den „freundlichen" (russischen) Bären – in einen Käfig sperren möchte, um Frieden herzustellen.
Viktor Šklovskijs nostalgischer Briefroman *Zoo ili pis'ma ne o ljubvi* (*Zoo oder Briefe nicht über die Liebe*, 1923) und Vladimir Nabokovs *Putevoditel' po Berlinu / Ėdem* (*Stadtführer Berlin / Eden*, 1925) nutzen beide die Metapher „Berlin Zoo", in dessen Nähe die meisten russischen Exilanten wohnten. Sie ist Chiffre für Emigration und damit pejorativ konnotiert bei Šklovskij: Die „Löwenkinder wurden von Hundeammen großgezogen, sie wußten nichts von ihrer hohen Abkunft. Tag und Nacht tummeln sich, wie Schieber, die Hyänen in ihren Käfigen". Und „die erwachsenen Löwen langweilen sich. Die Tiger gehen an den Gitterstäben entlang. Es rascheln mit ihrer Haut die Elefanten". In der Redefigur der Prosopopöie, die im Zoo-Affen den Emigranten Gestalt werden lässt, wird auch die generelle Frage nach den Tierrechten gestellt:

> Alia [der Menschenaffe] hat ungefähr meinen Wuchs, ist aber breiter in den Schultern, gebeugt und langarmig. [...] Und der Käfig ist kein Käfig, sondern ein Gefängnis [...]. Ich bezweifle, ob wir das Recht haben, diesen unseren entfernten Verwandten ohne Gerichtsurteil gefangenzuhalten. Wo ist sein Konsul? [...] Den ganzen Tag langweilt sich dieser arme Ausländer in den Innenräumen des Zoos. Nicht einmal eine Zeitung gibt man für ihn heraus.[11]

Während Šklovskij die Fremdheit des Exils als heterotopischen Menschen-Zoo nicht ertragen konnte und 1923 wieder in die Sowjetunion zurückkehrte, zeigt sich der Berliner Zoo bei Nabokov, der 15 Jahre in der Stadt verbrachte, als Ort der Empathie[12] und als Garten Eden:

11 Viktor Šklovskij: *Zoo oder Briefe nicht über die Liebe*, aus d. Russ. v. Alexander Kaempfe. Frankfurt am Main: Suhrkamp 1965, S. 34–36.

12 So auch in Lilija Briks Berliner Tagebuch, wo sie v. a. ihre Zuneigung zu den Löwenjungen bekundet.

> Vormittags war ich im Zoo. [...] Jede Stadt hat ihr eigenes Eden, von Menschen geschaffen. [...] Schade nur, daß dieses künstliche Eden ganz hinter Gittern liegt, obwohl mich ohne Gitter allerdings der erstbeste Dingo anfallen würde. Trotzdem ist es schon ein Eden, soweit der Mensch es wiederzuerschaffen vermag, und mit gutem Grund heißt das große Hotel gegenüber dem Berliner Zoo nach jenem Garten.

Besondere Aufmerksamkeit schenkt der emigrierte Besucher dem mit einer mythopoetischen Aura umgebenen Aquarium, „Reihen erleuchteter gläserner Schaukästen" ähnlich den Bullaugen, durch die „Kapitän Nemo aus seinem Unterseeboot auf die Meeresgeschöpfe schaute, die sich zwischen den Ruinen von Atlantis dahinwanden". Das untergegangene Atlantis, für Vladimir Nabokov das alte Russland, wird konterkariert durch ein Tierbild, welches die als Unort empfundene Sowjetunion symbolisiert:

> Hinter dem Glas [...] auf einem Stück Sand liegt ein lebendiger, hochroter, fünfzackiger Stern. Daher also stammt das berüchtigte Emblem – vom Grunde des Ozeans, aus der Düsterkeit der versunkenen Atlantica, die vor langen Zeiten allerlei Umwälzungen durchmachte, während sie mit aktuellen Utopien und anderen Dümmlichkeiten herumpfuschte, die noch uns zu Krüppeln machen.[13]

Tiergestalten dienen dem Ausdruck politischer Ideologie. In Vladimir Majakovskijs utopisch-groteskem Theaterstück *Klop* (*Die Wanze*, 1928) etwa steht die zusammen mit einem Spießbürger in der (damaligen) Zukunft des Jahres 1979 aufgetaute Wanze für überwunden geglaubte philiströse Verhaltensweisen, und sie werden beide im Zoo zur Schau gestellt. Den Besuchern erklärt der Zoodirektor: „Die Zwei sind zwar von unterschiedlicher Größe, aber von gleicher" – nämlich schmarotzerhafter – „Wesensart, hier die berühmte Vancia normalis, und da der Spießbürgerius vulgaris"[14]. In Michail Zoščenkos satirischer Erzählung *Priklučenija obez'jany* (*Die Abenteuer eines Affen*, 1946) liegt die Betonung auf der Harmlosigkeit des Affen, der aus dem von einer Bombe getroffenen Moskauer Zoo entkommen ist. Dargestellt als unschuldige Kreatur, die in der Konfrontation mit den Menschen deren wahres, nämlich repressives Wesen enthüllt, sehnt

13 Vladimir Nabokov: *Stadtführer Berlin. Fünf Erzählungen*, aus d. Engl. v. Dieter Zimmer. Stuttgart: Reclam 1985, S. 4, 7.

14 Vladimir Majakovskij: *Klop*. http://ilibrary.ru/text/1847/p.9/index.html (Zugriff am 22.01.2015).

sich die Meerkatze in den Zoo zurück: „Ach“, denkt sie, „umsonst habe ich den Zoologischen Garten verlassen. Im Käfig atmet es sich ruhiger, bei der erstbesten Gelegenheit kehre ich unbedingt in den Zoo zurück“[15]. Der führende sowjetische Kulturpolitiker und Stalin-Vertraute Andrej Ždanov warf dem Autor vor, er habe die *Abenteuer eines Affen* nur deshalb erfunden, um „unter dem Deckmantel trivialer Unterhaltung zu zeigen, dass in Russland das Leben in einem Zoo angenehmer und freier sei als draußen unter Sowjetmenschen“[16]. Nach diesem Verdikt durften Zoščenkos Werke nicht mehr gedruckt werden. Es folgte der Ausschluss aus sämtlichen Positionen und schließlich, zusammen mit der Lyrikerin Anna Achmatova, auch aus dem Schriftstellerverband.

Immer wieder dienen Tiere als Projektionsfläche des Menschen, insbesondere im politischen Diskurs, wenn er in literarischen Texten aufscheint. Dies geschieht etwa in *Lebed' v zooparke* (*Die Schwänin im Zoologischen Garten*): Nikolaj Zabolockijs die Schönheit des freien Tiers beschwörendes Gedicht entstand 1948, zwei Jahre nach seiner Rückkehr aus dem Gulag, wohin er 1938 im Zuge der Stalinschen „Säuberungen“ wegen „antisowjetischer Gesinnung“ verbannt worden war. Der im dreifüßigen Amphibrachys gehaltene und durch Kreuzreime kunstvoll gebundene Text wirkt insbesondere durch die semantisch bedeutsame Lautinstrumentierung: Während die im künstlichen See des Zoos schwimmende Schwänin („*l*ebed' p*l*yvet“) in einem Enkomion als „schneeweißes Wunder“ („be*l*osnežnoe divo“), als hell leuchtende „Schönheit“ („k*r*asavica“) gepriesen und mit weich fließenden Liquida vertextet wird, überwiegen bei der Semantisierung der an ihre Bauten gepressten Raubtiere und der durch Zaunpfähle blickenden Hirsche Explosivlaute (p, t), um den Kontrast Freiheit vs. Gefangenschaft phonologisch zu markieren. Signifikant ist schließlich die Opposition Bewegung der Schwänin vs. Statik der eingeschlossenen Tiere, die in dem Vergleich des abhebenden Vogels mit einer „zum Himmel emporgehobenen Welle“ mündet. Dass der Schwan am Gedichtende als „geflügeltes Wunder“ („kry*l*atoe divo“)[17]

15 Michail Zoščenko: *Priključenija obez'jany*. http://eumenius.livejournal.com/273399.html (Zugriff am 21.01.2015).

16 Horst-Jürgen Gerigk: *Der Mensch als Affe*. Stuttgart: Pressler 1989, S. 228.

17 Nikolaj Zabolockij: *Lebed' v zooparke*. http://www.world-art.ru/lyric/lyric.php?id=13220 (Zugriff am 21.01.2015).

bezeichnet und mit einer Lyra als Attribut versehen wird, legt einen metaphorischen Vergleich des freien Vogels mit dem Dichter nahe. Eine ähnliche Isotopie dominiert auch in Boris Sluckijs Gedicht *Zoopark noč'ju* (*Der nächtliche Zoo*, 1968), das in der Metapher „Tiergefängnis" ein Menschengefängnis evoziert: „Der Zoo, ein Tiergarten, aber in Wahrheit – ein Tiergefängnis… / Und wieder kam mir das alte Wort ‚Freiheit' (svoboda) / Und das noch altertümlichere ‚Ungebundenheit' (volja) in den Sinn, / Und wieder berührten die Worte mich schmerzhaft"[18].

Vasilij Grossman, als Frontberichterstatter Augenzeuge der Einnahme Berlins im April/Mai 1945, integriert in seiner nach Stalins Tod verfassten Erzählung *Tirgarten* (*Tiergarten,* 1953–1955) den Politik- und Kriegsdiskurs in den narrativen Text. Dies gelingt ihm, indem er den Chronotopos des regimeskeptischen Tierwärters Ramm und der durch Artilleriefeuer bedrohten Zootiere in Parallelführung darstellt. Ramm, der zwei Söhne an der Ostfront, einen Sohn im Afrika-Feldzug und einen im KZ Dachau verloren hat, ist im Berliner Zoo für die Pflege der Menschenaffen zuständig. Dabei hat er den friedfertigen Gorilla, der ihn täglich mit seiner aufrichtigen Zuneigung beglückt, besonders ins Herz geschlossen. Grundsätzlich vertritt Ramm den Standpunkt:

> Die Wildtiere sind die unterdrücktesten Wesen in der Welt. Und er war auf Seiten der Unterdrückten, schließlich sympathisierte er ja einmal mit der Sozialdemokratie. Den im Zoo Inhaftierten schrieb niemand einen Brief, niemandem konnten sie ihr Leid mitteilen. Ihr persönliches Leben, ihr Glück interessierte niemanden. Und während der ganzen Zeit, in welcher der Tiergarten existierte, war noch keins von ihnen in die Heimat zurückgekehrt, die Asche von keinem war in den Wäldern und Steppen verstreut worden. Ihre Rechtlosigkeit war grenzenlos.[19]

Der Zoo wird zum Ort der Erkenntnis: Ramm sieht in der Unfreiheit und dem stereotypen Verhalten der Tiere eine Analogie zum Dasein der im NS-Regime ihrer Freiheit beraubten Menschen. Und der Schlachthof[20], wo er Pferdefleisch zur Fütterung der Raubtiere abholen soll,

18 Boris Sluckij: *Zoopark noč'ju.* http://libverse.ru/slyckii/zoopark-nochiy.html (Zugriff am 22.01.2015).

19 Vasilij Grossman: *Tirgarten.* http://ihavebook.org/reader/reader.php?book=78787 (Zugriff am 22.01.2015).

20 Gestaltet im Stil von Lev Tolstojs exemplarischer Schilderung des Schlachthofs in Tula als Ort menschlicher Grausamkeit in Teil IX seiner Schrift *Pervaja stupen'* (*Die*

gerät in seinen Augen zum Schlachtfeld. „Doch Schlachthäuser", schreit er abends betrunken in der Kneipe, wo die Kellnerin ihre Gäste für die Gestapo bespitzelt, „versetzen heutzutage keinen mehr in Schrecken, für Menschen gibt es weitaus Schlimmeres!".[21]
Eine Analogie von Zoo und Straflager generiert Aleksandr Solženicyn in dem seit etwa 1966 im Samizdat (Selbstverlag) verbreiteten Roman *Rakovyj korpus* (*Krebsstation*, 1968 im Ausland erschienen), in dem ein aus dem Krankenhaus entlassener Häftling vor seiner Rückkehr in die Verbannung den städtischen Zoo besucht. Der Verbannte identifiziert sich mit den nicht nur ihrer Autonomie, sondern sogar der Vorstellung von Freiheit beraubten Tieren: Das Komplizierteste bei der „Käfighaltung der Tiere" war die Tatsache, dass Oleg, wenn er „die Partei der Tiere ergreifen würde, [...] nicht hätte hingehen, die Käfige aufbrechen und die Tiere befreien können. Denn zusammen mit ihrem angestammten Lebensraum hatten sie auch das Verständnis von Freiheit verloren"[22]. Andrej Bitov transgrediert diese Viktimisierung der Wildtiere ins Grundsätzliche, wenn er im Tier den Nächsten des Menschen erblickt. In seiner Erzählung *Poslednij medved'* (*Der letzte Bär*, 1970, publiziert 1979 unter Umgehung der Zensur in dem Almanach *Metropol'*) führt das durch die kindliche Perspektive initiierte „neue Sehen"[23] bei dem Erwachsenen dazu, dass er im Leningrader Zoo den frei umher hüpfenden Spatz als „König der Tiere" sieht, in den Augen der eingesperrten Wildtiere aber Wahnsinn (wörtlich „Ein-vom-Verstand-weggegangen-Sein") diagnostiziert. Darüber hinaus erkennt der empathische Besucher am Beispiel des Bären, der mechanisch die in den Zwinger hineingeworfenen Bonbons samt Verpackung schluckt, dass das lebendige Tier das letzte seiner Art ist. Die Zukunft gehört „Tieren" aus „Gummi, Plastik und Plüsch", denn schon heute leben wir „in einer Welt, wo es tausend Mal mehr Spielzeugtiere gibt als echte Tiere". Wie aber soll dann „in

*erste Stufe*, 1891). az.lib.ru/t/tolstoj_lew.../text_0650.shtml (Zugriff am 21.02.2015).

21 Wassili Grossman: *Tiergarten*. Übersetzt von Katharina Narbutovič. Berlin: Claassen 2009, S. 88, 102. (Übersetzung von mir modifiziert).

22 Aleksandr Solženicyn: *Rakovyj korpus*. http://lib.ru/PROZA/SOLZHENICYN/rk.txt (Zugriff am 24.01.2015), S. 343.

23 Ein für die entautomatisierte ästhetische Wahrnehmung gebrauchter Ausdruck der russischen Formalisten.

den Kinderherzen der erste Keim gelegt werden“ zu so etwas wie „Nächstenliebe“[24]?

In Texten postsowjetischer Autoren wie Evgenij Griškovec' *Koe-čto o zmejach* (*Einiges über Schlangen*, 2002) oder Linor Goraliks *Biblejskij zoopark* (*Biblischer Zoo*, 2012) fungiert das Zoo-Motiv nur noch als Ausdrucksmittel grotesk-verfremdender Schreibweise. Oder Künstler und Lyriker nutzen den Zoo im Rahmen des Aufmerksamkeitssyndroms. So heißt etwa eine Moskauer Performance-Schau 2013 *Zoopark chudožnikov* (*Künstler-Zoo*), und der Poet German Lukomnikov liest seine Gedichte an heterotopischen Orten: in der Psychiatrie, in Gefängnissen oder in Zoologischen Gärten.

Gekennzeichnet durch die Oppositionen drinnen/draußen, gefangen/frei, Tier/Mensch, Betrachtetes/Betrachter, Objekt/Subjekt, Natur/Zivilisation, Aufrichtigkeit/Lüge oszilliert der Chronotopos Zoo in russischen Literaturtexten zwischen den beiden als Projektionsfläche dienenden metaphorischen Polen Garten Eden einerseits und Gefängnis oder repressiver Staat andererseits, wobei im Zoo-Diskurs die durch die politischen Verhältnisse diktierte Dichotomie Unfreiheit/Freiheit dominiert. Sie fand noch in den signifikanten Namen der bis zur Perestrojka mit Auftrittsverbot belegten russischen Rockgruppen Zoopark und Akvarium ihren Niederschlag: Die Menschen, wie die Fische und die Wildtiere im Zoo, müssen unter Bedingungen leben, die ihrem natürlichen Freiheitsdrang entgegenstehen.

Somit gilt auch für menschliche Tiere die von der Tierethikerin Hilal Sezgin formulierte Maxime „Artgerecht ist nur die Freiheit“[25].

24 Andrej Bitov: Der letzte Bär. In: Ders.: *Das Licht der Toten. Erinnerungen an die Realität,*. aus d. Russ. v. Rosemarie Tietze. Frankfurt am Main: Luchterhand 1990, S. 30–41, hier S. 34–35, 40–41. (Übersetzung etwas modifiziert von mir, D. B.)

25 Hilal Sezgin: *Artgerecht ist nur die Freiheit – eine Ethik für Tiere oder Warum wir umdenken müssen.* München: C. H. Beck 2014.

# Ganz im Bilde?!

## Zur Repräsentation des Zoos in Margret und H. A. Reys *The Complete Adventures of Curious George*

Frederike Middelhoff

Beinahe jedes der sieben in Text und Bild festgehaltenen Abenteuer des fiktiven Kinderbuch-Affen George, der aus der kongenialen Arbeit eines deutsch-jüdischen Ehepaars in den Vereinigten Staaten hervorgegangen ist und sich mit seinem „blithely madcap appeal“[1] die Gunst von LeserInnen auf der ganze Welt erworben hat, beginnt mit folgender Einleitungsformel: „This is George. [...] He was a good little monkey and always very curious.“[2] Georges Erlebnisse sind allerdings – das stellt jene einleitende Formulierung der Texte dezidiert aus – keine Märchenerzählungen, die von wunderbaren, d. h. übernatürlichen oder phantastischen Ereignissen eines tierlichen Protagonisten erzählen und dieses Tier sprechen/erzählen oder als Fabelcharakter auftreten lassen.

Obgleich die didaktischen Elemente, die anhand des kleinen neugierigen Affen verhandelt werden, der nie lernt, vor- und umsichtig mit dieser Neugierde umzugehen, implizite Formen der *fabula docet* immer diskursiv mitproduzieren, handelt es sich bei den Bildergeschichten weder um märchenhafte Geschehen ‚once upon a time‘ noch um Ausgangsbeschreibungen für eine folgende antithetisch-allegorische Fabelkonstellation. Georges Leben und sein Erleben wurzeln in einer realistischen Erzählprämisse, die zwar – nicht zuletzt aufgrund des kindlichen Zielpublikums – durch stark anthropomorphisierte Merkmale gekennzeichnet ist, sich aber nichtsdestotrotz an einer wirklichkeitsgetreuen Darstellung abarbeitet. Dennoch: „Bild und Text sind verschiedene Repräsentationsformen von Wirklichkeit“[3] und können

1 Leonard S. Marcus: Introduction. In: H. A. Rey / Margret Rey: *The Complete Adventures of Curious George*. Boston: Houghton Mifflin 2001, o. P.

2 Rey / Rey: *The Complete Adventures of Curious George*, S. 4, 59, 107, 155, 283, 355.

3 Bettina Uhlig: ‚Ich sehe etwas, was du nicht siehst.‘ Bildsehen und Bildimagination bei der Betrachtung von Bilderbüchern. In: Gabriela Scherer / Steffen Volz / Maja

demnach komplementär, informativ-additiv, aber auch kontradiktorisch zueinanderstehen. Meistens zeichnet sich das Verhältnis der beiden Medien allerdings durch eine Kombination dieser verschiedenen Modi aus.[4]

In der folgenden Untersuchung soll es nun darum gehen, den ‚Realismus' der Bild-Text-Interdependenzen genealogisch herauszuarbeiten, um einerseits die Filiation der Rey'schen Bildergeschichten mit dem Tierpark Hagenbeck aufzuzeigen und um andererseits den blinden Flecken nachzugehen, die sich in Bild und Text im Hinblick auf die Institution ‚Zoo' offenbaren. These ist dabei, dass *The Complete Adventures of Curious George* nicht trotz, sondern wegen des Versuches einer realistischen Darstellung die Aporien und Mängel des Zoos per se mitartikulieren. So bunt, fröhlich und unbeschwert Bild und Text in Bezug auf den Zoo oberflächlich erscheinen – eine genauere, vergleichende Analyse der beiden Medien vermag zuweilen Bruchstellen aufzudecken. Mit Paul de Man gesprochen heißt dies: „[T]he text does not practice what it preaches"[5]; eine Losung, die sich im Fall von *Curious George* noch um folgendes Postulat erweitern lässt: ‚And neither does the picture.'

## *Curious George* und Hagenbecks Moritz: Geschichte einer Genese

Georges erstes Abenteuer, das im Dschungel Afrikas beginnt und im amerikanischen Großstadt-Zoo endet, avancierte nach der englischsprachigen Erstpublikation im Jahr 1941 postwendend zum internationalen Bestseller und brachte neben sechs Folgeerzählungen im Jahr 2006 auch einen erfolgreichen Kinofilm hervor.[6] Als „ultimate innocent and incorrigible clown"[7] hat dieser „ever-mischievous young

Wiprächtiger-Geppert (Hrsg.): *Bilderbuch und literar-ästhetische Bildung. Aktuelle Forschungsperspektiven.* Trier: WVT 2014, S. 9–22, hier S. 9.

4 Vgl. Jens Thiele: *Das Bilderbuch: Ästhetik – Theorie – Analyse – Didaktik – Rezeption.* 2. erw. Aufl. Oldenburg: Isensee 2003, S. 75.

5 Paul de Man: *Allegories of Reading. Figural Language in Rousseau, Nietzsche, Rilke, and Proust.* New Haven / London: Yale UP 1979, S. 15.

6 *Coco der neugierige Affe* (*Curious George*, USA 2006, R: Matthew O'Callaghan). Erste deutsche Übersetzungen der Reihe erschienen seit den 1950er Jahren; vgl. H. A. Rey: *Coco fährt Rad.* Braunschweig: Westermann 1956, sowie ders.: *Coco der neugierige Affe*, aus d. Amerikan. v. B. H. Bull. Reinbek: Carlsen 1966.

7 Marcus: *Introduction*, o. P.

monkey"[8] aus der Feder des deutsch-jüdischen Autor-Illustrators H. A. Rey (geb. Hans Augusto Reyersbach) und seiner Frau insbesondere im angloamerikanischen Raum einen dauerhaften Platz in der „collective imagination"[9] eingenommen.

Die Figur des Affen ist offenkundig nicht ausschließlich in der Kinderliteratur ein häufig wiederkehrendes literarisches Phänomen, da sie „sich so vielseitig als Denkfigur der Vermittlung von und Konfrontation dessen nutzen läßt, was als ‚Natur' und ‚Kultur' aufgefasst wird"[10], und als dressierte „Hybridexistenz"[11] einerseits die Liminalität der anthropologischen Differenz reflektieren,[12] andererseits die Effekte und Implikationen pädagogischer Interventionen thematisieren kann. Dementsprechend häufig treten Affen im Rahmen der Kinder- und Jugendliteratur als kindliche Identifikationsfiguren auf, die prä-edukative Verhaltensweisen vorführen und sich vom reflektierten Agieren Erwachsener abgrenzen lassen. Auch George ist in ebendiesem Paradigma narrativ verhaftet. Was er sieht, will er anfassen; was sich bewegt, erregt sein Interesse; was er andere tun sieht, will er selbst tun.

Ähnliches wird H. A. Rey selbst sowohl an den Affen beobachtet haben, die er im Laufe seiner Hamburger Kindheit im nahegelegenen Tierpark Hagenbeck häufig aufsuchte, als auch an denen, die er während seiner Arbeit in Brasilien freilebend, im Pariser Jardin de Plantes in Gefangenschaft lebend studierte und skizzierte[13] – ganz wie sein erklärtes Vorbild Wilhelm Busch es für seine Vorstudien zu *Fipps der Affe* getan hatte.[14] Dass die visuellen Eindrücke, die insbesondere

8 Anita Silvey: Curious George. A Publisher's Perspective. In: Rey / Rey: *The Complete Adventures of Curious George*, o. P.

9 Marcus: *Introduction*, o. P.

10 Julika Griem: *Monkey Business. Affen als Figuren anthropologischer und ästhetischer Reflexion 1800–2000*. Berlin: Trafo 2010, S. 87.

11 Harald Neumeyer: Peter – Moritz – Rotpeter. Von ‚kleinen Menschen' (Carl Hagenbeck) und ‚äffischem Vorleben' (Franz Kafka). In: Johannes F. Lehmann (Hrsg.): *Die biologische Vorgeschichte des Menschen. Zu einem Schnittpunkt von Erzählordnung und Wissensformation*. Freiburg i. Br.: Rombach 2012, S. 269–300, hier S. 291.

12 Vgl. z. B. Roland Borgards: Affen. Von Aristoteles bis Soemmerring. In: Günter Oesterle / Roland Borgards / Christiane Holm (Hrsg.): *Monster. Zur ästhetischen Verfasstheit eines Grenzbewohners*. Würzburg: Königshausen & Neumann 2009, S. 239–253.

13 Vgl. Louise Borden: *The Journey that Saved Curious George*. Boston: Houghton Mifflin 2005, S. 7, 13, 15, 20.

14 Bzgl. Reys Affinität zu Wilhelm Busch vgl. Shane Hand: H. A. Rey Pledges

der Tierpark Hagenbeck in Hamburg-Stellingen auf den jungen Rey gemacht haben, sich Jahre später in seinem fiktionalen Bild-Text realiter niedergeschlagen haben, lässt sich an mehreren Stellen nachweisen. Nicht nur die räumlich-architektonische Anordnung des Zoos ist in Reys Illustrationen stark von Hagenbeck inspiriert;[15] auch der fiktive George selbst weist deutliche Affinitäten zum realen Affen Moritz auf, den Carl Hagenbeck in seiner Autobiographie weitläufig beschrieben und Rey mit großer Wahrscheinlichkeit selbst bestaunt hat.[16] In *Von Tieren und Menschen* berichtet der Gründer und Namensgeber des Tierparks – Resultat und Substrat eines langjährigen Tierhandelsgeschäfts[17] – nicht nur von den idiosynkratrischen Eigenschaften der Orang-Utans Jacob und Rosa sowie des Schimpansen Moritz, sondern auch von ihren Lebens- und Alltagsbedingungen:

> Er [d.i. Moritz, F.M.] ist immer der Rädelsführer, der die Gutmütigkeit der Orang-Utans benutzt, um bei seinen Dummheiten zum Ziele zu gelangen. Eine besonders große Freude hat er daran, den Herren und Damen die Hüte vom Kopf zu reißen und mit seinem Raube, den er einer gründlichen Visitation unterzieht, auf eine Turnstange, die im Innern seines Käfigs angebracht ist, zu flüchten.[18]

Allegiance to Wilhelm Busch. http://colonialgermanyandcuriousgeorge.weebly.com/fipps-der-affe-vs-curious-george.html (Zugriff am 22.11.2014). Zu W. Buschs Skizzen vgl. Gert Ueding: *Wilhelm Busch. Das 19. Jahrhundert en miniature.* Frankfurt am Main: Insel 1977, S. 124.

15 Besonders deutlich wird Reys Reminiszenz an den Tierpark Hagenbeck dann, wenn er die Zoo-Eingangspforten illustriert. Immer wieder ähneln die Zeichnungen dem ehemaligen kolossal-kolonialen Haupteingang Hagenbecks, das von zwei lampenhaltenden Elefanten gesäumt ist, welche Rey in Abwandlung immer wieder graphisch aufgegriffen hat; vgl. z.B. H.A. Rey: *Feed the Animals.* London: Catto & Windus 1950, o.P.; Margaret Wise Brown: *Don't Frighten the Lion*! With Pictures by H.A. Rey. New York: Harper Collins 1993, o.P. Für eine Fotografie des Tors, vermutlich am Tage der Eröffnung, dem 7. Mai 1907, aufgenommen, vgl. Carl Hagenbeck: *Von Tieren und Menschen.* Berlin: Vita 1908, S. 177.

16 Hagenbecks Autobiographie erschien erstmalig 1908; eine (u.a. in Bezug auf die Schimpansenanekdoten) erweiterte Fassung (Carl Hagenbeck: *Von Tieren und Menschen.* Neue Geschenk-Ausgabe. Berlin: Vita 1914) wurde sechs Jahre später publiziert. Der junge Rey, Jahrgang 1898, hatte somit jahrelang Gelegenheit, das Gehege und die Aufführungen der Affen in Augenschein zu nehmen.

17 Zur Geschichte des Tierparks und seines Besitzers vgl. Lothar Diettrich / Annelore Rieke-Müller: *Carl Hagenbeck (1844–1913). Tierhandel und Schaustellungen im Deutschen Kaiserreich.* Frankfurt am Main: Peter Lang 1998.

18 Hagenbeck: *Von Tieren und Menschen*, S. 427.

Von der Vorwitzigkeit und Vorliebe für Hüte bis hin zur Turnstange: Alle Elemente, die Hagenbeck wörtlich referiert, tauchen in Georges *Adventures* in Bild und Text wieder auf. An einem Turntrapez in einem volierenartigen Gitterkäfig schwingend begegnen die LeserInnen George auf dem ersten Bild der zweiten Publikation *Curious George Takes A Job*[19] und es ist der „large yellow straw hat“[20], der zu Beginn von *Curious George* in der grün geprägten Urwald-Umwelt die Neugierde des Affen erregt, um ihm dann zum Verhängnis, sprich: zur Falle zu werden.[21] Orientierungslos unter dem großen Hut, den er sich nachahmend über den Kopf gestülpt hat, findet er sich urplötzlich bis zum Halse verschnürt in einem Sack wieder: „George was caught.“[22] Das korrespondierende Bild verfügt im Vergleich zum Text indes über einen Mehrwert bzw. semantischen Überschuss.[23] Auf dem Gesicht von George liegt nicht nur ein Zug der Überraschung oder des Erschrocken-Seins; über den geöffneten Mund – im starken Kontrast zu der sonst immer lachenden Mimik des Affen – scheint der Affe nach Luft schnappen und/oder schreien zu wollen. Diese Differentialität der Text-Bild-Relation resultiert aus der für die Gattung ‚Bilderbuch‘ charakteristischen „Doppelnatur“[24], in der Bild und Text stets interagieren, die LeserInnen/BetrachterInnen aber auch zum konnektierenden und interpretierenden Einsatz aufrufen.[25] *The Complete Adventures of Curious George* weisen einen massiven bildlichen Informationsüberschuss im Vergleich zum enthaltenen Textmaterial auf. Quantitativ äußert sich dies in der Fläche, welche die Illustrationen prozentual auf einer Seite für sich beanspruchen, qualitativ in Form der zusätzlichen Denotations- und Konnotationsgehalte der Bilder. Mit keiner Silbe erwähnt der Text beispielsweise, dass der Mann mit dem gelben Hut sowohl während des Fanggeschehens

19 H.A. Rey / Margret Rey: Curious George Takes a Job. In: Dies.: *The Complete Adventures of Curious George*, S. 57–104.

20 Rey / Rey: *The Complete Adventures of Curious George*, S. 6.

21 Vgl. ebd., S. 7.

22 Ebd., S. 10.

23 Vgl. dazu auch Jens Thiele: Im Bild sein... zwischen den Zeilen lesen. In: Mareike Oetken (Hrsg.): *Texte lesen – Bilder verstehen. Beiträge zur Rezeption von Bilderbüchern.* Oldenburg: BIS 2005, S. 11–30, insbes. S. 21.

24 Hans Adolf Halbey: *Bilderbuch: Literatur. Neun Kapitel über eine unterschätzte Literaturgattung.* Weinheim: Beltz Athenäum 1997, S. 11.

25 Vgl. Thiele: Im Bild sein, S. 15.

in Afrika als auch an Bord des Schiffes, das George in einen „big Zoo in a big city“[26] transportieren soll, ein Gewehr mit sich führt, welches das asymmetrische Machtgefälle zwischen Jäger/Fänger und Beute/Gefangenem somit auch dann noch konturiert, als der Affe aus dem Sack befreit ist.[27]

Bevor George schließlich im Zoo ankommt, durchläuft er jedoch einige Erfahrungs-, Assimilations- und Erziehungsmomente, die ebenfalls stark an Hagenbecks „Anthropomorphen-Affen“[28] geschult sind. Was sich während des Transports im Hinblick auf Domestizierungs- und Abrichtungstechniken abgespielt hat, hält das Bilderbuch allerdings nicht in Text und Bild, sondern nur in der Imagination der LeserInnen bereit. Sicher ist nur, dass George am Ende der Fahrt nicht nur auf zwei Beinen, mit Ausweispapieren und einem kleinen Köfferchen von Bord des Schiffes geht, welches ihn in eine wortwörtlich ‚Neue Welt‘ gebracht hat,[29] sondern im Haus seines Fängers auch am gedeckten Tisch sitzend, mit umgebundener Serviette löffelnd eine Mahlzeit zu sich nimmt.[30] Das Bild des speisenden George lässt sich mit einem vergleichenden Blick auf die Fotografien der in Hagenbecks Autobiographie abgebildeten zum „Affendiner[]“[31] abgerichteten Schimpansen als gemalte Reproduktion bzw. Replik ausmachen.[32] Von der Weinflasche bis zum Suppenteller sind die Requisiten in diesen Affen-Inszenierungen identisch. Auch das Rauchen nach dem Essen ist für George scheinbar ebenso selbstverständlich wie es nach der Abrichtung für den realen dressierten Moritz auf der einen, den fiktiven hybriden Rotpeter Franz Kafkas auf der anderen Seite der Fall war bzw. ist.[33] Die Reminiszenzen an Kafkas Protagonisten

26 Rey / Rey: *The Complete Adventures of Curious George*, S. 14.

27 Ebd., S. 7, 13, 15.

28 Hagenbeck: *Von Tieren und Menschen*, S. 422.

29 Vgl. Rey / Rey: *The Complete Adventures of Curious George*, S. 25.

30 Vgl. Rey / Rey: *The Complete Adventures of Curious George*, S. 26–27. Ich gehe hierbei wie erwähnt davon aus, dass die anthropomorphisierten Illustrationen des Affen nicht nur durch Georges Zugehörigkeit zu den Primaten und die antizipierten kindlichen RezipientInnen des Buches bedingt sind, sondern, dass sich in ihnen Reys Erinnerungen und Eindrücke widerspiegeln, die er während seiner Besuche in Hamburg-Stellingen am Affengehege sammelte.

31 Hagenbeck: *Von Tieren und Menschen*, S. 432.

32 Vgl. ebd., S. 426–428.

33 Vgl. Rey / Rey: *The Complete Adventures of Curious* George, S. 27; Franz Kafka: Ein Bericht für eine Akademie. In: Ders.: *Drucke zu Lebzeiten*, hrsg. v. Wolf

aus *Ein Bericht für eine Akademie*, der u.a. über das Konsumieren von Alkohol enkulturalisiert und hominisiert wird, stehen auch hier deutlich vor Augen, stammen doch sowohl Rotpeter als auch George nicht nur aus dem Kontext des Tierparks Hagenbeck, sondern auch aus dem diskursiven Umfeld der Varieté-Kultur um 1900, in deren kabarettistischen Aufführungs- und Dressurpraxis Affen eine nicht unerhebliche Rolle spielten.[34]

Hinzu kommt, dass George während seiner Mahlzeit zur Erhöhung seiner Sitzposition bei Tisch auf zwei Büchern thront, von denen eines die Aufschrift ‚Dictionary' trägt. Die nächste Erziehungsstufe qua Verständnis und Artikulation menschlicher Sprache ist hier implizit angedeutet, so wie auch Kafkas Rotpeter mit einem ‚Hallo' den „Rubikon der Hominisation"[35] überquert hat. Folglich wird George im vorletzten Band der *Curious-George*-Reihe auch Mittel und Zweck der Alphabetisierung, indem er analog zu seinen jungen LeserInnnen das Lesen und Schreiben einübt.[36]

Die letzte Repräsentation bzw. Reanimation des Hagenbeck'schen Schimpansen Moritz, auf die hier eingegangen werden soll, bezieht sich auf eine der als Höhepunkte wahrgenommenen Abrichtungsprozeduren im Rahmen der Affen-Dressuren: das Fahrradfahren. „Die neueste Errungenschaft bei seiner [d.i. Moritz, F.M.] Ausbildung bildet die Erlernung des Radfahrens. [...] Die Sache macht ihm augenscheinlich großen Spaß, er ist eifrig dabei, die Pedale zu treten"[37], liest man bei Hagenbeck. Bei Rey heißt es sodann: „George could ride very well. He could even do all sorts of tricks (monkeys are good at that)."[38] In beiden Textpassagen erscheint das Radfahren als vergnüglicher, beinahe natürlicher Lerneffekt der Affen. Weder im Text noch im Bild wird in *Curious George* ausgeführt, wie George sich

Kittler / Hans-Gerd Koch / Gerhard Neumann. Frankfurt am Main: Fischer 1994, S. 299–314, hier S. 308.

34 Vgl. Neumeyer: Peter – Moritz – Rotpeter.

35 Ulrich Lüke: *Das Säugetier von Gottes Gnaden. Evolution, Bewusstsein, Freiheit.* Freiburg i.B.: Herder 2006, S. 134.

36 Vgl. H.A. Rey / Margret Rey: Curious George Learns the Alphabet. In: Dies.: *The Complete Adventures of Curious George*, S. 281–352. Der Zoo wird auch in dieser Erzählung referenziert, wenn es darum geht, exotische Tiere wie Pinguine und Yaks in einem topographischen Kontext einzuordnen, vgl. ebd., S. 323, 347.

37 Hagenbeck: *Von Tieren und Menschen*, S. 434.

38 Rey / Rey: *The Complete Adventures of Curious George*, S. 112.

seine Tricks und Fertigkeiten angeeignet hat, will heißen: aneignen musste. Carl Hagenbeck lässt indes an der Gewaltimplikation bei der Tier-Dressur im Allgemeinen keine Zweifel aufkommen,[39] und auch bei Georges finalem Rad-Auftritt in einer Tier-Show weist der im Bild anwesende Dompteur mit Peitsche daraufhin, dass die Kunststücke der Tiere keineswegs auf ‚natürliche' oder freiwillige Weise zur Aufführung gebracht werden.[40]

## „[T]he ZOO! What a nice place for George to live!"[41] Predigt und Praxis der Zoodarstellung in den *Complete Adventures*

Georges Aufenthalt im Zoo ist nur von kurzer Dauer, will er doch schon alsbald herausfinden, „what was going on outside the Zoo."[42] Eine erneute Beförderung in den Zoo wird ihm nach seiner Flucht nur in Aussicht gestellt, genauer: angedroht, nachdem der Affe im Naturkundemuseum für Aufregung gesorgt hat: „„Lock that naughty monkey up right away […] and take him back to the Zoo.""[43] Der Zoo fungiert hier folglich als eine Form der Abstrafung. Wie aber konnte es zu einer solchen Instrumentalisierung kommen? Wie sieht es ‚inside' der Mauern aus, die den städtischen Zoo umgeben, und inwiefern legen die Bild- und Textrepräsentationen die Widersprüche und Schwächen zoologischer Gärten im Allgemeinen, in den Geschichten von George im Besonderen offen?

Betrachtet man das dem Text – „the ZOO! What a nice place for George to live!" – zugeordnete Bild, ist man geneigt, dem Urteil der Exklamationen beizupflichten. Zu sehen ist ein lachender George, der im Bildvordergrund auf einem Baum sitzend einen derjenigen Ballons schwenkt, die ihn kurz zuvor über die Dächer der Stadt getragen haben. Im Hintergrund auf Wiesen, Felsen und im Wasser tummeln sich, von wenigen proportional miniaturisierten Zäunen getrennt, alle Arten von Tieren, die ebenfalls – dank George – freudestrahlend mit Ballons in Mäulern, Schnäbeln, Krallen, Tatzen etc.

39 Vgl. Hagenbeck: *Von Tieren und Menschen*, S. 140, 433.

40 Vgl. H. A. Rey / Margret Rey: Curious George Rides a Bike. In: Dies.: *The Complete Adventures of Curious George*, S. 105–152, hier S. 146.

41 Rey/ Rey: *The Complete Adventures of Curious George*, S. 54.

42 Ebd., S. 59.

43 H. A. Rey / Margret Rey: Curious George Gets a Medal. In: Dies.: *The Complete Adventures of Curious George*, S. 153–200, hier S. 189.

ausstaffiert sind. Einen bitteren Beigeschmack erhält das zunächst so harmonisch anmutende Abschlussbild allerdings durch zwei referentielle Kontextbilder.

Das erste ist die aufgrund der strukturellen Ähnlichkeit als Analogon zu bezeichnende Abbildung zu Beginn der Bildergeschichte, die mit dem Abschlussbild inhaltlich und formal einen Rahmen bildet. Während das erste Bild den Affen in seinem ursprünglichen Habitat zeigt, befindet er sich auf dem letzten in dessen künstlicher Nachbildung. Bereits zur Eröffnung des Hagenbeck'schen Tierparks 1907 waren die Reproduktionsmöglichkeiten der natürlichen Lebensräume exotischer Tiere ein vieldiskutiertes Desiderat (post)kolonialer Tiergartenästhetik.[44] In Hamburg-Stellingen beispielsweise war der selbsterklärte „Tierliebhaber"[45] Carl Hagenbeck eifrig bemüht, den Park mitsamt seiner „gitterlosen Tierhaltung"[46] – die für die Tiere indes keinen räumlichen Zugewinn, sondern ausschließlich bessere Schau-Bedingungen für das Publikum bedeutete[47] – als Arche, sich selbst als ein die Artenvielfalt bewahrender Noah zu stilisieren, indem er panoramatische Gehege anlegen ließ, in denen der paradiesische Zustand ewigen Tierfriedens inszeniert werden sollte.[48] Mit ebendiesem Anspruch scheint das Abschlussbild von *Curious George* auftreten zu wollen. Zwar sind Raub- von Beutetieren getrennt, aber dennoch in unmittelbarer Nähe einträchtig akkumuliert, verbunden durch die Freude am Novum ‚Ballon'. Die räumliche Position, die George im ersten und letzten Bild einnimmt, ist identisch. Die Unterschiede liegen im Detail. In Afrika schaukelt George auf einer Liane, die von einem begrünten Baum herabhängt, welcher wiederum neben

44 Vgl. Nigel Rothfels: *Savages and Beasts. The Birth of the Modern Zoo.* Baltimore / London: Johns Hopkins UP 2002; Eric Baratay / Elisabeth Hardouin-Fugier: *Zoo. Von der Menagerie zum Tierpark*, aus d. Franz. v. Matthias Wolf. Berlin: Wagenbach 2000.

45 Hagenbeck: *Von Tieren und Menschen*, S. 139.

46 Hilke Thoda-Arora: Hagenbeck: Tierpark und Völkerschau. In: Jürgen Zimmerer (Hrsg.): *Kein Platz an der Sonne. Erinnerungsorte der deutschen Kolonialgeschichte.* Frankfurt am Main: Campus 2013, S. 244–256, hier S. 246.

47 So bemerkt sogar Hagenbeck selbst: „Die Freiheit, welcher sich alle diese Geschöpfe erfreuen, ist Schein und Wahrheit zugleich." (Hagenbeck: *Von Tieren und Menschen*, S. 400.)

48 Vgl. dazu Gunther Nogge: Das Arche-Prinzip: zoologische Gärten im 21. Jahrhundert. In: Matthias Gretschel / Ortwin Pelc (Hrsg.): *Hagenbeck. Menschen, Tiere, Illusionen.* Hamburg: Hamburger Abendblatt 1998, S. 158–175, hier S. 161.

lachenden Blumengesichtern auch noch eine lachende Eidechse versammelt. Auf dem Zoo-Bild sitzt der Affe indes auf einem blattloskahlen, grauen Baum, der sich dieserart deutlich als Attrappe, als Teil der Kulisse ‚Zoo' zu erkennen gibt.

Das zweite Kontextbild ist die bereits erwähnte Illustration, mit der die zweite Geschichte der *Curious-George*-Reihe beginnt, und die mindestens zwei Unzulänglichkeiten zoologischer Gärten ausstellt. Erstens macht die am Gitter angebrachte Aufschrift „Curious George – Monkey – (Africa)"[49] explizit darauf aufmerksam, dass George in diesem Gehege keineswegs natürlich „lived"[50] bzw. ‚zuhause' ist, und zweitens betont die Darstellung des Käfigs im Vergleich zum ersten Kontextbild, dass dieser mit dem ursprünglichen Habitat des Affen nichts mehr gemein hat; allein der Aktionsmodus des Affen, das Schaukeln am herabhängenden Gegenstand, ist noch präsent; statt an einer Liane baumelt George hier aber an einem Turntrapez, statt eines Baumes und einer gepflückten Banane entdeckt man einen gedeckten Tisch mit Stuhl sowie einen Ball. Die Glaubwürdigkeit der Aussage „What a nice place for George to live" wird durch die drei Seiten später erscheinenden Bilder, die aus der Nahaufnahme des Käfigs den Blick der BetrachterInnen auf das gesamte umgebende Areal freigeben, weiter unterminiert. Es lässt sich nun nicht nur feststellen, dass George ohne Artgenossen in einem kaum Bewegung erlaubenden Käfig gehalten wird, sondern auch, dass weder in seinem noch in einem der anderen angrenzenden Gehege ein Baum oder andere grünfarbige, d.h. lebende Pflanzen vorhanden sind. Allein Elefant und Nashorn verfügen über Stroh-Einstreu.[51] Aktivität und Interaktionalität sind diesen Zootieren in ihren Gehegen nicht möglich. Es verwundert daher weder, dass der lebhafte George all sein Geschick darauf verwendet, „[to] g[e]t away safely"[52], noch, dass er in *Curious George Rides a Bike* beim Anblick des Käfigtransports einer Tier-Show annimmt, es handele sich um einen „Zoo on wheels."[53] Gitter, Beengtheit und Entbehrung – ergo: Langeweile – sind die Parameter, die George im Zoo kennengelernt

49 Rey / Rey: Curious George Takes a Job, S. 59.

50 Ebd.

51 Ebd., S. 62–63.

52 Ebd., S. 65.

53 Rey / Rey: Curious George Rides a Bike, S. 131.

hat und die Bild und Text trotz ihrer Bemühungen um eine positive, heitere Darstellung nicht relativieren oder gar negieren können. Das Versprechen, dass George der Zoo gefallen werde,[54] lösen weder der Text noch die Bilder dieser Geschichten ein. Predigt und Praxis in den *Complete Adventures of Curious George* müssen buchstäblich und sinnbildlich immer wieder aneinander vorbeireden.

54 Vgl. Rey / Rey: *The Complete Adventures of Curious George*, S. 14.

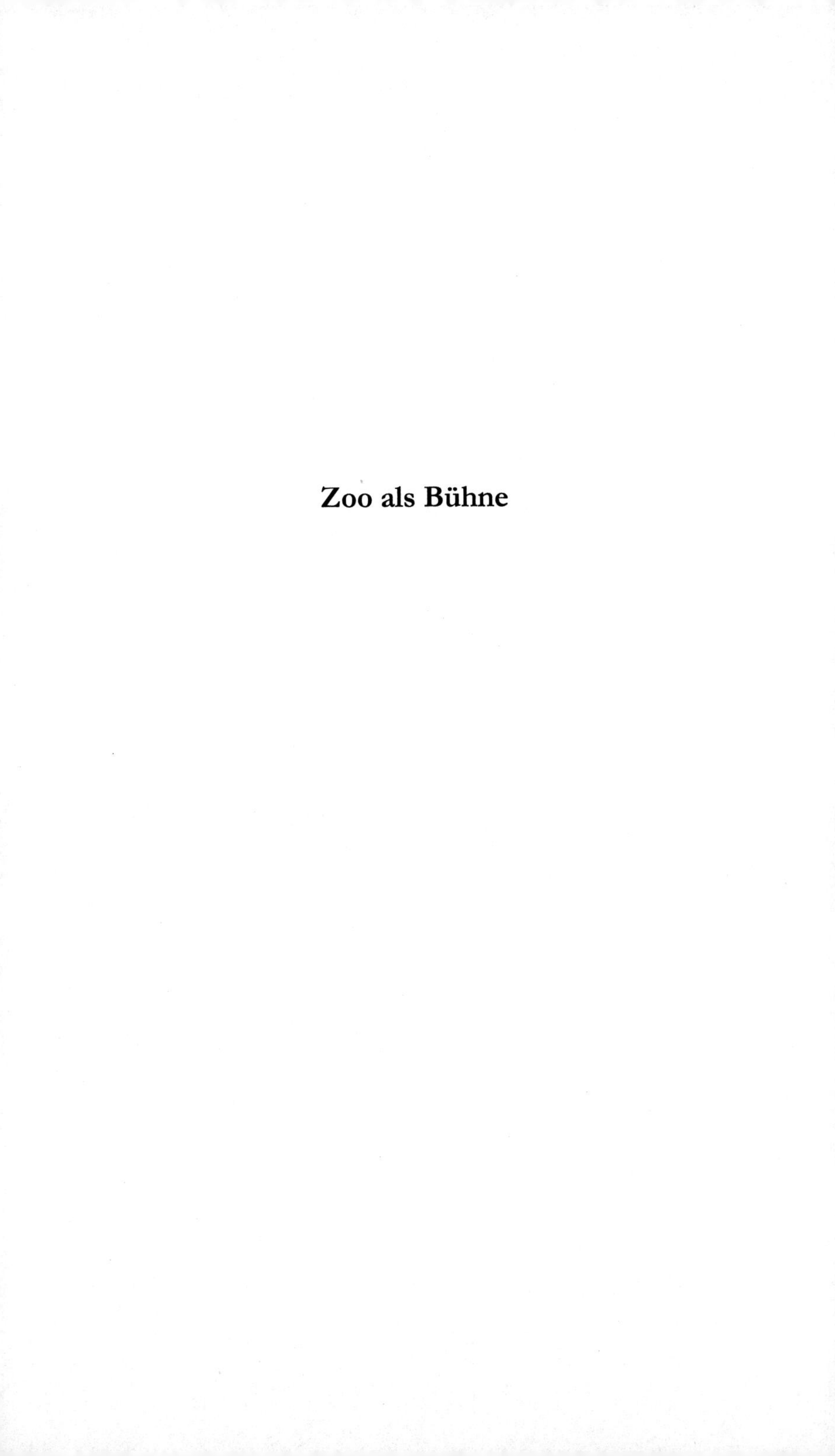

# Zoo als Bühne

# Lebende Bilder und täglich wilde Szenen

## Tiere im Maßstab von Zooarchitektur

Anne Hölck

Jeder Zoobesuch beginnt mit der Erwartung, Tieren in unmittelbarer Nähe zu begegnen.

Der gebaute Raum bildet eine Rahmenbedingung für die Praxis, Tiere im Zoo zu wissenschaftlichen, bildenden, unterhaltenden und arterhaltenden Zwecken zur Schau zu stellen. Die Konzeption von Zoogehegen muss den Schauwert *und* das Überleben von Tieren in Gefangenschaft garantieren. Die Schauanordnung erfährt im Verlauf der Zoogeschichte entscheidende Veränderungen: Die ersten öffentlich zugänglichen Zoos stellen wilde Tiere in Käfighäusern aus und umzäunen Parkgebiete für einheimische Tiere. Durch die Akklimatisierungsversuche von Carl Hagenbeck Ende des 19. Jahrhunderts gelingt die Inszenierung von wilden Tieren auf einer illusionistischen Freilichtbühne, die nur ein Graben von den ZoobesucherInnen trennt. Seit Ende des 20. Jahrhunderts fließen fortgeschrittene, wissenschaftliche Erkenntnisse über die Bedürfnisse von Tieren nach mehr Bewegungsfreiheit und Rückzugsorten in die Planung von Zooarchitektur ein. Die Realisierung weitläufiger Immersionsgehege, die Tieren mehr Raum bietet und gleichzeitig für die BesucherInnen das Eintauchen in eine ganze Landschaftsgestaltung ermöglichen soll, stellt die meisten Zoos vor räumliche oder finanzielle Probleme. In fast jedem europäischen Zoo existieren daher heute noch Zoogehege, deren Konzeption weit zurück liegt. Der Zoo lebt „mit einer Hypothek des Historischen. Er kann aus geschichtlichen, klimatischen, politischen, pragmatischen oder publikumsbezogenen Gründen niemals ‚aus einem Guß' sein."[1]

Während meiner Recherche zur Gestaltung von Zooarchitektur in bisher 17 europäischen Städten sind mir drei stereotype Gehegeformen aufgefallen, die ich mit den Begriffen ‚Schaukasten', ‚Bühne'

1 Anette Graczyk: Der Zoo als Tableau. In: Mitchell G. Ash (Hrsg.): *Mensch, Tier und Zoo. Der Tiergarten Schönbrunn im internationalen Vergleich vom 18. Jahrhundert bis heute.* Wien / Köln / Weimar: Böhlau 2008, S. 97–110, hier S. 108.

und ‚Park' beschreibe. Die Begriffe verdeutlichen die gestalterischen Anlehnungen an Ausstellungsstrategien von Naturkundemuseen, Theatern und Landschaftsgärten. Wie der Zoo konzentrieren sie als Vermittlungsmedien Wissen über ‚das Natürliche'.[2]
Schaukasten, Bühne und Park können als architektonische Modelle und Techniken gelten, die Schauanordnungen realisieren und seit den Zoogründungen erprobt werden. Dieser Bericht meiner Recherchen führt zu der Feststellung, dass sich Raumvorstellungen für Tiere hauptsächlich an menschlichen Maßstäben orientieren. Trotz jahrelanger Forschung und Erfahrung in der Zootierhaltung gestaltet es sich als schwierig, aktuelle Erkenntnisse über tierliche Bedürfnisse in der Zooarchitektur umzusetzen.[3] Die Zuspitzung der Beschreibung von Zoogehegen zu einer Typologie wirft deshalb die Frage auf, ob der Zoo als Medium des Wissens heute noch zeitgemäß ist, und richtet den Blick auf alternative Praktiken der Wissensvermittlung über Tiere.

## Schaukasten

> Ein Zoo ist ein Ort, wo so viele Arten und Varianten von Tieren wie möglich gesammelt werden, damit man sie sehen, beobachten, studieren kann. Im Prinzip ist jeder Käfig ein Rahmen um das Tier im Inneren. Die Besucher gehen in den Zoo, um das Tier anzuschauen. Sie gehen von einem Käfig zum anderen, Besuchern einer Kunstgalerie nicht unähnlich, die vor einem Bild stehen bleiben und sich dann zum nächsten oder übernächsten begeben.[4]

Der Schaukasten präsentiert Tiere als passive Schauobjekte wie es in den Menagerien üblich war, die Tiere sind distanzlos menschlichen Blicken ausgeliefert. Vorrangig ist der Schauwert: Tiere werden in funktionalen Räumen oder umzäunten Gehegen gezeigt, die gut einsehbar sind und die klimatischen Bedingungen erfüllen.

2 Vgl. zu Naturkundemuseen, Botanischen Gärten und Zoos als Medien des Wissens ebd., S. 98.

3 Ausführlich zur „Diskrepanz zwischen ethischem Anspruch und Status quo im Umgang mit Tieren in Gefangenschaft" vgl. Judith Benz-Schwarzburg: *Verwandte im Geiste – Fremde im Recht. Sozio-kognitive Fähigkeiten bei Tieren und ihre Relevanz für Tierethik und Tierschutz*. Erlangen: Harald Fischer 2012, Kap. 9, S. 278–372.

4 John Berger: Warum sehen wir Tiere an? In: Ders.: *Das Leben der Bilder oder die Kunst des Sehens*. Berlin: Wagenbach 1996, S. 12–35, hier S. 30.

Abb. 1: Terrarium, Wilhelma Zoo Stuttgart, 2013.

Bei wilden Tieren wie Raubtieren zählt gleichrangig der Schutz vor den Tieren – man kann sie hinter Gittern, Scheiben oder Zäunen so nah wie möglich betrachten, ohne Übergriffe fürchten zu müssen. Tiere sind in der Schaukasten-Situation als lebende Exponate in ein Schaubild integriert, das ohne bzw. mit wenigen Zeichen für natürliche Lebensräume auskommt.

Aquarien und Terrarien zeigen Meerestiere oder Reptilien einzeln oder in Gruppen in Glasbehältern, deren geringe Tiefe häufig mit Pflanzen, kleinen Steinen oder künstlichen Reproduktionen an der Rückwand kaschiert ist. Die gute Sicht auf die Tiere wird durch die Lichtführung unterstützt, vor einem Aquarium stehen die Betrachter meistens im Dunkeln, die Tiere hinter der Scheibe sind beleuchtet. Schaukästen für Vögel variieren zwischen den kleineren Vogelkäfigen für eine Spezies und den Freiflugvolieren, in denen Tiergruppen zusammen präsentiert werden. Die Greifvogelvoliere für zwölf Geierarten im Tierpark Berlin ist eine 60 Meter lange umzäunte Felswand, die für größere Vögel eine Flugdistanz von etwa drei Flügelschlägen erlaubt. Die Greifvögel im Zoo Leipzig sind in einem Zierkäfig der 1920er Jahren ausgestellt, der wie viele Volieren in Kuppelform fast so hoch wie breit ist. Der umgitterte Luftraum für die

Abb. 2: Flamingohaus, Zoo Berlin, 2012.

Vögel ermöglicht hier nur den Kurzflug oder das Hüpfen von Baum zu Baum, daher sieht man sie seltener in Bewegung.

Für Flamingos, die in freier Wildbahn bis zu 300 km pro Nacht für Nahrungsflüge zurücklegen, steht im Zoo Berlin eine etwa brusthoch umzäunte Wiese am Westteil eines Teichs zur Verfügung. Angelegt als Miniaturausgabe des Schweizer Vierwaldstättersees, dient er seit den 1870er Jahren als Gehege für Schwimmvögel und ist auch heute noch im Wegeplan des Berliner Zoos nach dem Schweizer See benannt. Die Zoo-Flamingos überwintern in einem kleinen Haus auf der Wasserfläche, das zu drei Seiten verglast ist und damit auch bei Minustemperaturen garantiert, dass die Vögel besichtigt werden können.[5]

Die häufigste Präsentationsform für Elefanten, Nashörner oder Flusspferde in sogenannten Dickhäuterhäusern, für Tiger, Leoparden, Panther und andere Großkatzen in Raubtierhäusern ist die Schauzelle. Sie verfügt über wenig dekorative Elemente, und täuscht über

5 In der Schweiz tauchen Rosaflamingos höchstens als „Irrgäste" auf: „Die wenigen in der Schweiz beobachteten Wildvögel dürften aus der Camargue stammen. Die meisten Beobachtungen betreffen wohl Zooflüchtlinge. Aus Gefangenschaft entweichen auch Vertreter anderer, sehr ähnlicher Flamingoarten." (Information der Vogelwarte Sempach. http://www.vogelwarte.com/rosaflamingo.html (Zugriff am 28.11.2014).)

die Isolation der Tiere in Gefangenschaft nicht hinweg. Elefanten oder Nashörner müssen im Zoo auf dem engen Raum zudem voreinander geschützt werden. Wenn der Platz nicht für eine Freilaufhalle oder Außengehege ausreicht, teilen stabile Rohrgitter die Zellen, eine sichtbare Ankettvorrichtung schützt nachts vor einem gegenseitigen Angriff.[6] Die Außengestaltung von Dickhäuterhäusern suggeriert oft den Eindruck einer sicheren Anlage. Sie gleichen Kastenbauten, die an eine Lagerhalle zur Abfertigung von Frachtgut erinnern. Im Zoo Amsterdam führen große Metalltüren in der dunklen Klinkerfassade zu den Innenzellen. Über jede Tür ist ein vertikales Element aus Sichtbeton gesetzt, das wie ein hohes Rolltor gestaltet ist. Die Rolltore sind nicht funktionsfähig, vermitteln aber optisch, dass die Tiere hinter doppelten Türen sicher unter Verschluss gebracht sind.
In Affenhäusern sind die Gehege zwar ähnlich linear angeordnet, doch meistens trennt die Besucher statt Gittern eine große Scheibe von den Tierzellen, sie können im Vorrübergehen wie in Schaufensterauslagen einer Ladepassage konsumiert werden.[7]

## Bühne

> Schon in der konventionellen Theatersituation ist das Spiel durchschauter Täuschung bei gleichzeitiger Selbsttäuschung ein ureigenes Element im Verhältnis von Bühne und Publikum. [...] das Theater setzt wie die perspektivische Malerei auf Täuschung, Bühne und Rahmen stellen zugleich sicher, dass man sie nicht mit der Alltagswelt verwechselt.[8]

Mit dem Begriff ‚Bühne' bezeichne ich die Gestaltung eines Geheges als Illusionsraum. Historisch gesehen führt Carl Hagenbeck die Bühnensituation mit seinem Panorama der Naturwissenschaften ein. Tiere erhalten auf den imitierten Naturfelsen einen gewissen Bewegungsspielraum, nur ein Graben trennt sie vom Publikum.

6 Die Isolation löst bei Tieren häufig Stereotypien, bei Elefanten z. B. das Weben, aus. Der Frankfurter Zoo entschied schon in den 1980er Jahren, aufgrund von Platzmangel auf die Haltung von Elefanten im Zoo zu verzichten. http://www.zoo-frankfurt.de/siteservice/faq.html (Zugriff am 01.12.2014).

7 Zur beinahe zeitgleichen Entstehung von Warenhäusern und Zoos im 19. Jahrhundert und Kulturen des Konsums im Zoo, die mit wissenschaftlich begründeten Ausstellungspraktiken in Beziehung stehen vgl. Kapitel IV „Konsum. Berlin. Die Kommerzialisierung des Exotischen" in: Christina Wesseley: *Künstliche Tiere. Zoologische Gärten und Urbane Moderne.* Berlin: Kadmos 2008, S. 93–114.

8 Nora Eckert: *Das Bühnenbild im 20. Jahrhundert.* Berlin: Henschel 1998, S. 17.

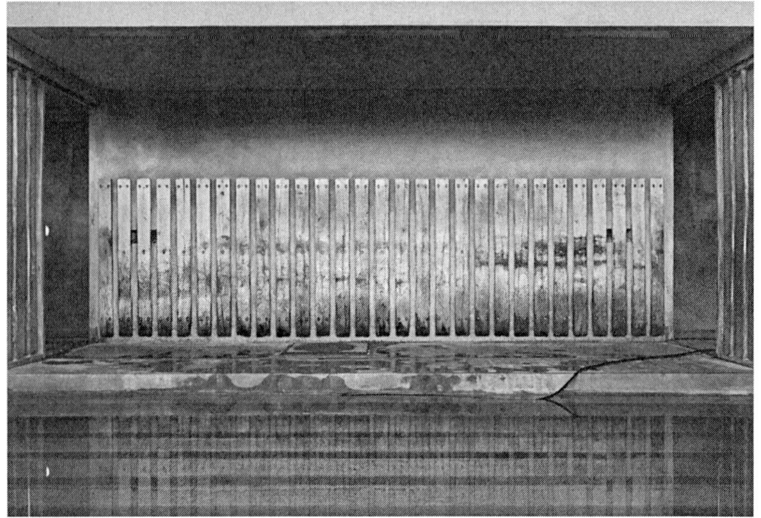

Abb. 3: Elefantenhaus, Wilhelma Zoo Stuttgart, 2012.

Unmittelbare Nähe wird durch eine Rollenzuweisung illusionistisch erzeugt. Das Publikum ist eingeladen, Tiere nicht bloß als „isolierten Beleg für eine Klasse oder Spezies" im statischen Schaubild zu begreifen, sondern performativ in einer „lebendigen Szenerie" wahrzunehmen.[9] Gleichzeitig stellt der Bühnenraum sicher, dass nichts mit der Alltagswelt zu verwechseln ist, Tiere sind im Zoo Zwangsschausteller im menschlichen Vorstellungsraum und fügen sich in Traumbilder und Phantasien ein: Wilde auf Felsen oder einsamen Inseln, machtvolle BurgherrInnen, leichtfüßige TänzerInnen oder hinreißende KomikerInnen.

Imposante Felsen- oder Inselbühnen repräsentieren häufig wilde Tiere, die in freier Wildbahn in Gebirgen, Küstenlandgebieten oder tropischen Regenwäldern leben, wie Braun- oder Lippenbären, Steinböcke, Pelikane, Pinguine, Hyänen oder Eisbären, deren natürliche Habitate einer millionenfachen Größe des Geheges entsprechen können.[10] Als beliebte Kulisse reichen die architektonischen Varianten

9 Graczyk: Zoo als Tableau, S. 107.

10 Auf die Haltung von Eisbären, die Polargebiete von der Größe Italiens durchstreifen, wird in Großbritannien vollständig, in Deutschland nur in einigen Zoos (z. B. Köln und Frankfurt) verzichtet, da ihre Stereotypien und Jungensterblichkeit in

der Felsenbühne von aufgeschütteten Erdhügeln über Burganlagen bis hin zu abstrakten Betongebilden. Die Schauposition der BetrachterInnen in der Bühnen-Situation kann mit den besten Plätzen einer Opernbühne verglichen werden: Der Orchestergraben erscheint uns als ein Spalt, wenn die Bühnenhöhe auf gleicher Ebene oder nur wenig tiefer liegt als unsere Augenhöhe. Sich nach hinten auftürmende Felsteile oder ein verdichteter Pflanzenbewuchs vermitteln illusionäre Tiefe, die es faktisch nicht gibt. Höhlenartige Eingänge in den Felsen oder Hügeln führen in die Innenkäfige, das Backstage. Die Tiere werden nach ihrem Auftritt zur Öffnungszeit des Zoos dorthin zurückgeschickt, es ist für das Publikum nicht sichtbar, Nachtkäfige und -wärter sind wie die Bühnentechnik im Theater hinter den Kulissen verborgen.

Das Orang-Utan-Haus im Tierpark Hagenbeck von 2004 gleicht dem Entwurf einer fest installierten Zirkusmanege. Die gewaltige kuppelförmige Dachkonstruktion aus Glas und Stahl kann zum Rundhorizont einer Freilichtbühne aufgeschoben werden. Für die Menschenaffen ist davor auf einer Fläche von 350 Quadratmetern eine Sandinsel aufgeschüttet, bestückt mit Klettereinrichtungen aus Baumstämmen und Palmen, zwischen die Hanfseile und Hängematten gespannt sind. Die Rückwand bildet eine kaschierte Betonfelsenmauer mit Pflanzen im Halbrund, zur Betrachterseite grenzt die Insel ein Wassergraben ab. Im unteren Zuschauerbereich bietet eine Cafeteria für das Publikum Sitzplätze an; wie bei einer Aufführung zu Shakespeares Zeiten kann beim Zuschauen gespeist werden, wenn die Futtersuche der Affen zur Showtime beginnt. Die Nahrung für die Affen wird von den TierpflegerInnen an verschiedensten Stellen der Anlage versteckt, aus wissenschaftlicher Sicht dient sie nicht dem Unterhaltungswert, sondern bietet eine notwendige Beschäftigungsmöglichkeit für die Tiere in Gefangenschaft, wenn Stereotypien vermieden werden sollen.[11]

Gefangenschaft wie bei vielen Raubtieren die Zucht erschwert. Vgl. Sabine Etzold / Stefanie Schramm / Hans Schuh: Leidet der Eisbär? Gespräch mit Hanno Würbel, Professor für Tierschutz und Ethologie in Gießen, und Gunther Nogge, bis 2007 Direktor des Kölner Zoos. In: *Die Zeit*, 26.04.2007. http://www.zeit.de/2007/18/Leidet_der_Eisbaer (Zugriff am 01.12.2014).

11 Wissenschaftliche Erkenntnisse über die Bedürfnisse von Menschenaffen dienen im Projekt „Orang-Utan-Haus“ dem Erhalt der Tiere in Gefangenschaft, es ist Teil des „Europäischen Erhaltungszuchtprogramms (EEP) für die von der Ausrottung

Abb. 4: Eisbärengehege, Tierpark Berlin, 2013.

## Park

> Was geschah mit der Wüste? Sie wurde als Landschaft – wenn nicht als Garten – von der Großstadt wiederentdeckt und in den ästhetischen Bereich einbezogen.[12]

Mit Park wurde ursprünglich das Jagdgehege in einem Wald bezeichnet, dessen Grenzen für Spaziergänger nicht sichtbar und nur den Jägern bekannt sind. Seit den Zoogründungen werden Gehege für heimische Tiere in die Parkgestaltung integriert, indem durch angrenzende Waldstücke Zäune gezogen werden. Tiere in der Parksituation werden nicht als illusionistische Grundbesitzer empfunden, sie erhalten vielmehr ein Gebiet, das, gemessen an der Schaukasten- und Bühnen-Situation, mehr Bewegungsfreiraum und Rückzugsmöglichkeiten bietet. In zeitgenössischen Immersionsgehegen erscheint die gebaute

bedrohten Orang-Utans", in Kooperation mit anderen zoologischen Gärten. Vgl. http://www.hagenbeck.de/stiftung/projekte/unsere-erfolge/das-orang-utan-haus/orang-utan-infos.html (Zugriff am 01.12.2014). Ausführlich zum Forschungsstand der ausgeprägten sozio-kognitiven Fähigkeiten bei Großen Menschenaffen sowie zur kritischen Diskussion über den Umgang mit ihnen in Gefangenschaft vgl. Benz-Schwarzburg: *Verwandte im Geiste – Fremde im Recht,* S. 78–80, 234–252, 278–333.

12 Oskar Bätschmann: *Entfernung der Natur. Landschaftsmalerei 1750–1920.* Köln: DuMont 1989, S. 23.

Abb. 5: Pelikane, Tierpark Berlin, 2013.

Grenze zwischen Menschen und Tieren visuell weitestgehend aufgelöst, Gräben oder Blockzäune sind bewachsen und nicht mehr eindeutig als Barrieren wahrnehmbar. Die Parksituation bestätigt zu jeder Zeit, dass ein friedliches Nebeneinander von Tieren und Menschen möglich ist – mitten in der Stadt. Für freilaufende Tiere kann die gesamte Zoofläche als Parkrevier bezeichnet werden, dies gilt für ein paar wenige, leicht domestizierbare Tiere mit der Eigenschaft, sich an einen Ort und Menschen zu gewöhnen und dort zu bleiben, wie etwa Pfauen. Im Tierpark Hagenbeck sind Truthahnarten und Große Maras freilaufend präsentiert, in der ZOOM Erlebniswelt Gelsenkirchen Rote Varis, die durch TierpflegerInnen beaufsichtigt werden. Ein ähnlich friedliches Bild vermittelt sich, wenn Pelikane durch den Park schreiten und oder Flamingos neben heimischen Wasservögeln wie Enten scheinbar selbstgewählt am Teich stehen. Einer ihrer wesentlichen Fähigkeiten beraubt, werden sie durch einseitig gestutzte Schwungfedern am Wegfliegen gehindert.[13]

13 Nach Auskunft eines Tierpflegers im Zoo Berlin werden die Schwungfedern halbjährlich nachgeschnitten.

## Überlagerungen

Typologisch zugespitzt, können besonders für technisch modernste Gehege Überlagerungen der Schaukasten-, Bühnen- und Parksituation gelten. Ein Schaukasten ist nicht vollständig – also bühnentauglich – ausgestattet, so dass wir uns auf eine Illusion einlassen. Illusionistisch überzeugende Schaukästen dagegen sind z. B. riesige Aquarien, die sich als ganzes Panorama vor uns ausbreiten und einen Meeresausschnitt nicht nur vorstellbar, sondern erlebbar machen sollen. Vor der etwa 8 Meter hohen und 15 Meter breiten Scheibe des Tropenaquariums im Tierpark Hagenbeck stehen wir beinahe auf gleichem Niveau des Aquariumgrundes, zu unseren Füßen liegen Flundern, auf Augenhöhe schwimmen Haie. Nur das Aquarium wird mit starken Scheinwerfern oberhalb des sichtbaren Ausschnitts beleuchtet, die es wie eine große Kinoleinwand erscheinen lassen, der Eindruck wird durch die Gestaltung der Besucherseite, ein dunkler Saal mit Zuschauertribüne, verstärkt. Unmittelbare Nähe zu den Tieren ist durch einen weiteren technischen Trick inszeniert: Die große Scheibe ist konvex gewölbt, so dass die tatsächliche Dimension des Aquariums nicht einschätzbar ist und die Meerestiere optisch vergrößert als Mutanten ihrer eigenen Körper erscheinen.

In großen Tropenhäusern überlagern sich häufig alle drei Situationen der Schaukasten-, Bühnen- und Parksituation. Ein künstlich angelegtes Ökosystem simuliert eine Art Innenraumpark, der klimatisch an Regenwälder angepasst ist. Durch die Tropenerlebniswelt Gondwanaland im Zoo Leipzig (2011) führt ein geschlängelter, mit exotischen Pflanzen dicht bewachsener Parcours. Die meisten Tiere müssen hier z. B. wegen ihrer großen Sprungweiten zu allen Seiten eingezäunt gehalten werden. Für die BesucherInnen bieten Niveauunterschiede und Gehegebegrenzungen, die nicht so stark ins Auge fallen wie große Glasscheiben, schwarze Netze oder Wassergräben ständig wechselnde Einblicke in die integrierten Gehege, so dass der Gesamteindruck einer offenen Halle mit verschiedenen Simultanschauplätzen erhalten bleibt. Nur wenige Tiere bewegen sich scheinbar frei wie die Totenkopfäffchen. Sie verlassen ihre Inseln nicht, da die stählerne Verbindungsbrücke zum Publikumspfad außerhalb der Öffnungszeiten unter Leichtstrom gesetzt wird, womit sie am Übergang gehindert werden.[14]

14 Die Tiere wurden schon vor der Eröffnung konditioniert. Sie speichern die

## Perspektivwechsel

Die Beschreibung von Schaukasten-, Bühnen- und Park-Situationen im Zoo veranschaulichen, wie stark räumliche Anordnungen den Blick auf Tiere und die Wahrnehmung ihrer Körper beeinflussen. Tierliche Körper werden nach menschliche Maßstäben eingeschränkt, konditioniert oder optisch verzerrt. Die räumliche Situation, die ich am häufigsten in den Zoos vorgefunden habe, ist der Schaukasten, der Tiere als reine Ausstellungsobjekte präsentiert – als „lebende Bilder", wie der Berliner Zoo einen Fotoband mit Gehegeansichten schon um 1900 betitelt.[15] Handlungsabläufe sind ihnen durch die Gestaltung vorgegeben – „täglich wilde Szenen", wie der Werbeslogan des Berliner Zoos seit 2011 verspricht, können sich höchstens imaginär in den Köpfen der BesucherInnen abspielen. Was für Tieren begegnen wir also im Zoo? Welches Wissen wird über sie vermittelt, wenn sie in eng bemessenen Räumen Aktivitäten wie Jagen oder Fliegen nicht nachgehen können? Ein Gehege

> bleibt eine künstliche Umwelt. Und so kann es unter Umständen sogar Missstände verbergen. […] auf Zoogröße verkleinert, ist das nicht automatisch eine tiergerechte Umgebung. Wenn sie nicht genügend Reize haben – wie neue Objekte zum Erkunden oder Nahrung, die sie selbst suchen und bearbeiten müssen – werden sie sich auch zwischen Lianen und Palmen stereotyp verhalten.[16]

Gerade am Beispiel des Tropenaquariums im Tierpark Hagenbeck erscheint der hohe technische Aufwand für eine Ausstellungsarchitektur mit lebenden Tieren absurd, wenn das Ziel ein filmisches Erlebnis ist.

Ausgehend von einem Kino-Diskurs, „in dem die Frage der Schaulust eine zentrale Rolle spielt", ist für die Filmwissenschaftlerin Sabine Nessel eine neue Perspektive denkbar, „die *den* Zoo in seiner je

negative Erfahrung der Stromschläge ab und betreten daraufhin nicht mehr die Brücke. Vgl. Karoline Mueller-Stahl: Inszenierte Naturwelten. Zur landschaftsarchitektonischen Gestaltung. In: Zoo Leipzig GmbH / Kulturstiftung Leipzig (Hrsg.): *Tropenerlebniswelt Gondwanaland.* Leipzig: Leipziger Blätter 2001, S. 46–49.

15 Ludwig Heck (Hrsg.): *Lebende Bilder aus dem Reiche der Tiere. Augenblicksaufnahmen nach dem lebenden Tierbestand des Berliner Zoologischen Gartens.* Berlin: Werner 1899.

16 Der Zoo ist keine Arche Noah. Der Tierschützer Hanno Würbel und Zoodirektor Manfred Niekisch im Gespräch. In: *Frankfurter Rundschau,* 31.01.2008. http://www.fr-online.de/spezials/tierparks--der-zoo-ist-keine-arche-noah-,1472874,2792842,item,0.html (Zugriff am 28.11.2014).

spezifischen historischen Zeit verabschiedet zugunsten eines, im Austausch zwischen Dispositiv und Handlung hervorgebrachten, stets nur vorübergehend existenten, virtuellen Zoos", der in „fiktionalen Produktionen wie Filmen, literarischen Texten oder anderen künstlerischen Produktionen" auffindbar wäre.[17] In der Aufzeichnung mit filmischen Mitteln sieht der Philosoph Markus Wild eine wirksame Alternative zu Zoos, die auch seinen wissenschaftlichen Zielen genügen kann:

> Warum sollte das virtuelle Aquarium die vier rechtfertigenden Ziele [des Zoos: Bildung, Artenschutz, Forschung, Unterhaltung] nicht eben so gut erreichen können wie das reale? Anstatt laufend Meerestiere aus dem Meer zu holen und sie in Meeresaquarien zu halten, können umgekehrt wir mithilfe digitaler Übertragungs-, Kommunikations- und Animationstechniken zu diesen Tieren gebracht werden. So können Bildung, Forschung und Naturschutz gefördert werden, ohne dass dafür Aquarien gebaut werden.[18]

Überdies weist Wild auch auf den Irrtum hin, dass durch einen virtuellen Zugang zu Tieren ein gemeinsamer „realer" Erlebnis- und Begegnungsraum von Menschen und Tieren verloren ginge, „eine in dem Aquarium nachgebaute Unterwasserlandschaft, die angelegt worden ist, um Meeresbewohner auf dem Festland zu halten, kann schwerlich als ‚authentisch' bezeichnet werden."[19]

In diesem Sinne können Lebensräume von Tieren nicht als Gegensatz zu menschlichen aufgefasst werden, sondern vielmehr beide (und mehr) als Hybrid-Wirklichkeiten – *Mixed Realities* verstanden werden, in denen „die klassische Unterscheidung des Imaginären, des Symbolischen und des Realen nicht mehr zu tragen scheint"[20]. Architektonische Entwürfe für die Wissensvermittlung über Tiere richten den Blick dann auf die Schnittstellen individuell gestalteter

17 Sabine Nessel: Medialität der Tiere. Zur Produktion von Präsenz am Beispiel von Zoo und Kino. In: Markus Rautzenberg / Andreas Wolfsteiner (Hrsg.): *Hide & Seek. Das Spiel von Transparenz und Opazität.* München: Fink 2010, S. 297–310, hier S. 306.

18 Markus Wild: Zoos: Besuchen oder nicht Besuchen? Zur Beilegung moralischer Meinungsverschiedenheiten. In: *Tierethik Zeitschrift zur Mensch-Tier-Beziehung* 9,2 (2014), S. 71–87, hier S. 80–81.

19 Ebd., S. 81.

20 Zum Terminus Mixed Realities vgl. die Untersuchungsperspektive, „die Medien – verstanden als mediale Praktiken – als Faktoren unserer Bezugnahme auf die natürliche Mitwelt begreifen hilft", von Hartmut Böhme / Peter Matussek: Die Natur der Medien und die Medien der Natur. In: Stefan Münker / Alexander Roesler (Hrsg.): *Was ist ein Medium?* Frankfurt am Main: Suhrkamp 2008, S. 91–111, hier S. 110.

Lebensräume von Tieren und Menschen. Sie ersetzen Schaukästen durch Schutzzonen und schaffen flexible Bühnen für die Begegnungen der Akteure, die sich veränderten Lebensformen anpassen.

# Tiere in Kulissen

## Über das unweigerlich Bühnenhafte des Zoos[1]

Christian Janecke

Anlässlich seines Besuches in Hagenbecks Tierpark Stellingen soll Thomas Alva Edison geäußert haben: „The animals are not in the cage, they are on stage".[2] Diese Einsicht war freilich weder originell noch trennscharf – so wenig, wie es heute die Rede vom ‚Inszeniertsein' des Zoos wäre. Denn so klar es ist, dass Tiere, die man einem zahlenden Publikum zeigt, wie auch immer inszeniert werden, so unklar bleibt der dabei theaterterminologisch veranschlagte Grad an Metaphorizität. Herauszuarbeiten ist daher in nicht zuletzt historischer Differenzierung, welche Bezüge genau es zu Aufführung und Bühne gibt – und was daraus folgt.

### 1.

Das von Hegel erkannte *Sprechen der Schauspieler zueinander und zugleich zu uns* fasst bündig jene im Theater gewünschte Doppeltheit aus einem Fürsichsein der Akteure – der Diderot'schen Fiktion der Nichtexistenz des Betrachters folgend – und ihrer Publikumsadressierung. Was jedoch, wenn die sich Äußernden weder menschliche noch auch zirzensisch dressierte tierische Darsteller sind? Wenn sie eher lethargisch herumdösen und etwaige darüber hinausgehende Aktivitäten zweifellos ganz ohne Rücksicht auf uns erfolgen? Dann umfängt Schauspielerisches diese Tiere nurmehr wie eine ihnen angedichtete Ostentation in Permanenz – oder genauer, da die Tiere sich im Wesentlichen ja nicht selbst zeigen, sondern als lebendige gezeigt werden, als *Schaustellung des eigentlichen Lebens der Tiere.* Das widerspricht dem Selbstbild der Zoobetreiber, die sich lieber in der Rolle eines Noah auf seiner Arche gefallen, wofür Carl Hagenbeck das bizarre Vorbild lieferte – der doch in sein ursprüngliches Geschäft als Tierfänger und -händler seinen Stellinger Tierpark nur integriert

1 Herzlichen Dank an Ellen Wagner für Tipps, Korrekturen und Bildbearbeitung!

2 www.hagenbeck.de/stiftung/foerderinhalte/denkmalschutz.html (Zugriff am 28.09.2014).

hatte, indem dort etliche für den Verkauf vorgesehene Vierbeiner bloß Zwischenstation einlegten.[3]

Doch was sehen die Besucher? Manch einer meint das Tierische am Tier in seiner rudimentären Natürlichkeit zu erblicken – unterschlagend, dass die Kontexte, die man ihnen nahm: „habitat, range, climate, geography, geology; [...] regional altitude, interactivity with other species and plants and landscapes", doch ein gut Teil dessen umfassen, was die Tiere ausmachte.[4] Andere, betört von John Bergers[5] elegischem Abgesang auf das korrumpierte Verhältnis von Tier und Mensch, vernehmen im tierischen Gegenüber eher Trauer. Und wiederum andere heißen in den Tieren gewievte Akrobaten oder Spaßmacher willkommen, nur darauf wartend, ihr Publikum divertieren zu dürfen. Man hat es so oder so mit Projektionen zu tun – und sie betreffen auch die Frage nach Aufführungshaftigkeit, zumal wenn wir eine Auffassung von ‚theatricality'[6] zugrunde legen, derzufolge sie allein schon dadurch zustande käme, dass *wir* sie einer Situation attestierten. So überzogen das generell anmutet, so plausibel erscheint es, wo begünstigende Faktoren[7] hinzutreten. Beim Zoo wären dies seine Architektur bzw. räumliche Anlage (s. u.), sowie natürlich seine *Bestimmung*, die ein Vorzeigen der Tiere für ein Publikum klar miteinschließt – einerlei ob man hier mit Kritikern wie Randy Malamud oder Nigel Rothfels den Hauptzweck argwöhnt oder sich eher denen anschließt, die auch noch städtische Naherholung, Lernerlebnisse, Wissenschaft und Artenschutz stark machen.

Aufschlussreich für das Problem einer Aufführungshaftigkeit im Zoo sind auch jene älteren, in Hagenbecks Tierpark ja nur verändert

3 Nigel T. Rothfels: *Savages and Beasts. The Birth of the Modern Zoo*. Baltimore / London: Johns Hopkins UP 2002, S. 175, 177–188.

4 Vgl. Randy Malamud: *An Introduction to Animals and Visual Culture*. Basingstoke / Hampshire: Palgrave Macmillan 2012, S. 116.

5 John Berger: *Warum sehen wir Tiere an?* In: Ders.: *Das Leben der Bilder oder die Kunst des Lebens* [1980]. Berlin: Wagenbach 1989, S. 12–35.

6 Elizabeth Burns: *Theatricality. A Study of Convention in the Theatre and in Social Life*. London: Longman 1972.

7 In derart vorgerahmten Settings können sogar strikt tierpflegerische Aktivitäten so wirken, *als ob* sie an ein Publikum adressiert wären. Vgl. dazu Christian Janecke: Inszenierte Fotografie, Inszenierende Fotografie und Fotografierte Inszenierung – am Beispiel von Schauanordnungen für lebende und tote Tiere. In: Lars Blunck (Hrsg.): *Die fotografische Wirklichkeit. Inszenierung – Fiktion – Narration*. Bielefeld: Transcript 2010, S. 53–69, hier S. 62–63.

fortgesetzten *Völkerschauen*[8], bzw. genauer ist die Frage, warum ihr Erfolg beizeiten nachließ.[9] Denn spätestens nach dem Ersten Weltkrieg war die Repräsentation des ‚Edlen Wilden' kompromittiert; und die ihr Sujet bequemer fixierenden Medien Fotografie und Film liefen jener Art Live-Aufführung allmählich den Rang ab, die, obgleich überaus aufwandsreich inszeniert, dennoch die Grenzen ihrer Illusion nie zu verbergen vermochte. Hinzu kam, dass diese ‚Eingeborenen' die Sprache ihres Publikums anzunehmen und des Abends gar dessen Vergnügungen zu teilen begannen, wodurch sie genau an jener Illusion von ‚nativeness' sich versündigten, um derentwillen man sie doch aus aller Welt hatte einschiffen lassen. Umgekehrt gesagt, hatten die Völkerschauen ‚funktioniert', solange die Akteure unschuldig, gleichsam präreflexiv auftraten, so als wüssten sie nicht, dass sie für Geld durch Europa tourten, solange sie also einer entschieden voyeuristischen Zuspitzung eines Theaters der ‚Vierten Wand' in nach außen glaubhafter *Absorption* sich unterwarfen. Das authentifizierende Unterpfand dieser letztlich antitheatralen, da vielmehr präsentistisch gesonnenen Unternehmung war dann zwar die leibliche Anwesenheit der Exoten. Doch musste ihr Verhalten sorgsam im Zaum des Klischees gehalten werden. Die diesen Menschen abverlangte Lebendigkeit fand ihre ungestörte Erfüllung paradoxerweise erst in der Sublimierung zum perpetuierten Bild. Unter *solchen* Auspizien aber hatten gar nicht die Menschen, sondern die Tiere die besseren Karten! Traten sie doch an als unverfälschte Repräsentanten ihrer jeweiligen Art, frei von Fisimatenten, und praktischerweise bereit, als leiblich anwesende, sicht-, hör-, riechbare Wesen dennoch zusammenzugehen mit stumm-konkreter Inbegrifflichkeit.

*Diese* Art Aufführung oder vorsichtiger: Aufführungshaftigkeit ist es denn auch, die den Zoo generell auszeichnet. Und folglich wird sie durch die Anonymität wechselnder Statisten, also etwa verschiedenster Löwen in der Rolle des Löwe-Seins, kaum beeinträchtigt (also durch jene o. g. Praxis, die bei Hagenbeck, vom Publikum meist gar

8 Utz Anhalt: *Tiere und Menschen als Exoten: Exotisierende Sichtweisen auf das ‚Andere' in der Gründungs- und Entwicklungsphase der Zoos.* Phil. Diss. Hannover 2007; vgl. auch die Debatte um die naive Neuauflage des Prinzips Völkerschau im Augsburger Zoo aus dem Jahre 2005 (!): www.crieur-public.com/allgemein/menschenzoo-2005-der-ausgburger-zoo-lud-zu-einem-african-village-ein-und-entfachte-einen-skandal/ (Zugriff am 15.09.2014).

9 Rothfels: *Savages and Beasts*, S. 143–147.

nicht bemerkt, gang und gäbe war). Hingegen geben die verschiedentlich zu Lieblingen oder in medialer Aufrüstung sogar zu Stars des Publikums avancierten einzelnen namhaften Tiere (bis hin zum Eisbären Knut) verfälschende Beispiele, weil sie genaugenommen eher in den Zoo zurückverlegte Ausnahmen aus einer Sphäre des Showbiz sind.

## 2.

Als einigermaßen verzwickte Angelegenheit hat sich *Aufführungshaftigkeit* im Zoo erwiesen. Realisiert findet sie sich in räumlich, situativ, installativ gefassten Settings, deren *Bühnenhaftigkeit* nun Thema wird. Meine Betrachtung setzt genau dort ein, wo diese Bühnenhaftigkeit, was die Sache wiederum nicht erleichtert, mit *Bildlichkeit* verwoben erscheint.

Die übliche Anlage Zoologischer Gärten stammt weder nur von den Menagerien oder später und anders von den Weltausstellungen her, noch lässt sie sich zureichend als Transformation der Ordnungs- und Darbietungsprinzipien fürstlicher Sammlungen herleiten – so als seien an die Stelle anfangs toter später lebende Exponate getreten, und als habe das innenräumlich in Schränken Sortierte einer Wunderkammer sich ins außenliegend Kompartimentierte erstreckt. Anregung gab nämlich auch jener ‚Englische Garten', der seinerseits *bild*gebunden war: Nicht nur, dass Bilder expressis verbis, also etwa solche der Landschaftsmalerei, ihn nachweislich beeinflussten. Auch gärtnerisch und hinsichtlich seines Wegesystems war er als Abfolge durchschreitbarer, stets aufs Neue von fernem Hügel lockender Tableaus realisiert.[10] Die dazu eingesetzten Mittel – Täuschung der Spaziergänger über die tatsächlichen Wegdistanzen, faktische Verflachung vermeintlich rundum plastischer Bauten oder auch Teiche, modellhafte und oftmals nur verkleinerte Andeutung gewisser Attraktionen des Parks – waren freilich wiederum einschlägige Mittel jener Art von *Bühne*, die sich etwa ab der Mitte des 15. Jahrhunderts von Italien aus über ganz Europa durchgesetzt hatte. Oder genauer: Während diese Mittel auf der Bühne des eigentlichen Theaters rasch an Grenzen der Bespielbarkeit gestoßen und folglich bereits zur Zeit des Barock

10 John Dixon Hunt: *Der malerische Garten. Gestaltung und Geschichte des europäischen Landschaftsgartens*. Stuttgart: Ulmer 2004.

verschiedensten Kompromissen zwischen Perspektivismus und tendenziell verflachender Kulissenstaffelung gewichen waren,[11] hatten sie genau dort, wo Bespielbarkeit als verzichtbar oder substituierbar erschien, überdauern können. Dies war der Fall beim Panorama, dessen gelegentliches *Faux terrain* ja nicht Zweck einer hinterlegten Illusion, sondern willkürlich hinzugefügtes Mittel zu deren Steigerung war; es war der Fall beim bereits erwähnten Englischen Garten,[12] dessen Besucher sich an jeder seiner letztlich desillusionierenden Stationen hoffnungsfroh der nächsten in Sichtweite zuwenden konnten; und es war der Fall bei jenen wiederum den Zoo beeinflussenden Dioramen der Naturkundemuseen, deren ‚Bespielbarkeit' ja nur forderte, dass ausgestopfte Tiere inmitten einer Rundum-Andeutung ihres idealtypischen Lebensraumes arretierbar waren. Obgleich reliefräumlich und mit bühnenbildnerischer Finesse realisiert, wirken solche Museumsdioramen wesentlich als *Bild*, ja wie ein magisch um Effekte des Stereoskopischen gesteigertes, darüber hinaus noch farbiges, sein Sujet im Vordergrund sogar lebensgroß zeigendes Bild. Manches von alldem kehrt im Zoo wieder, wo nicht stets sinnvoll entscheidbar ist, ob man von den Tieren eher *bild*bezogen als von einem ‚lebendigen Sujet' oder eher *bühnen*bezogen als von ‚mortifizierten Protagonisten' sprechen sollte. Das Schillernde dieser Gemengelage wird flagrant, wo die Giraffe dann, am naturalistisch gemalten Wandhintergrund bloß schnuppernd, bereits dessen Illusion sabotiert (was sie für die Subversionslust der Fotokunst der 1990er Jahre ja bekanntermaßen prädestiniert hatte).

Rekapitulieren wir nun, was uns von einer *Bühnengeschichte des Zoos* noch fehlt: da wäre zuerst der Einfluss barocker Szenographie[13] auf die perspektivisch organisierten Gärten der Landvillen des Hochadels. Denn er betraf auch die Unterbringung der Tiere, waren diese doch Teil eines sozusagen nach außen verlagerten Kuriositätenkabinetts und als Exempel einer Unterwerfung der Natur unter die Kultur

11 Raffinierte Ausnahme wurde die *Scena per angolo* des Francesco Galli Bibiena, deren diagonal zur Blickrichtung der Zuschauer liegende Perspektivfluchten in Ausschöpfung hinterszenischer Potentiale grandiose Andeutung blieben.

12 Vgl. Hunt: *Der malerische Garten*, S. 25.

13 Dieser Absatz folgt Eric Baratay / Elisabeth Hardouin-Fugier: *Zoo. Von der Menagerie zum Tierpark*. Berlin: Wagenbach 2000, S. 43–60.

Teil demonstrativer Herrschaftsentfaltung gewesen. Dass verschiedentlich regelrechte Besucherparcours – so in den Gärten der Villa des Kardinals Scipione Borghese (gebaut 1600–1628) –, also sinnfällige oder symbolische Abfolgen der zu Landschaftskompartimenten passenden Tiere ersonnen wurden, dass ein Straußengehege vielleicht mit Kies ausgelegt und Wasservögeln ein riesiges Becken vergönnt wurde, zeigt, dass auch den Tieren ein fester Platz im Rahmen theatraler Gesamtkunstwerk-Bestrebungen des Barock zugewiesen wurde. Das zielte allerdings auf Vergegenwärtigung im Hier und Jetzt, es lockte den Betrachter nicht fort ins Fremde, sondern holte das Fremde ins Eigene.

Im 18. Jahrhundert trat diese Form theatraler Einbindung der Tiere zurück, zugunsten blickender Verfügung über die Tiere. Damals aber kamen auch zahllose Wandermenagerien auf, so dass kulinarischer Genuss, Schaulust, Belehrung und Machtdemonstration nebeneinander standen.

Erst die in bürgerlicher Vereinsinitiative erfolgenden, explizit auf öffentliche Zugänglichkeit hin konzipierten Zoogründungen des 19. Jahrhunderts sahen sich einem massenhaften *Publikum* konfrontiert, das sein Schaubedürfnis nun an einem eigens dafür hergerichteten Ort zu befriedigen suchte – so dass dieser Ort nicht nur der Kulisse gewogen war, sondern er sich durch sie erst konstituierte und legitimierte, d. i. genauer: durch viele konkurrierende Kulissen, die, nicht unähnlich einer Messe, auf vergleichsweise engem Terrain jeweils neue, spezifische Illusionen schaffen mussten.[14]

In dieser Zeit begann man, die Tiere in Nachbauten gewisser, als jeweils für ihr Herkunftsland typisch erachteter Bauformen in miniaturisierter und reduzierter Form unterzubringen, wobei auch schon mal australische Strauße im „ägyptischen Stil" (Abb. 1a) logierten. Diese Manier hat sich seit der Moderne verloren, sieht man einmal ab von postmodernen Reprisen wie beim „Indischen Dschungelpalast" des Erlebniszoos Hannover (Abb. 1b) mit seinem orientalisierenden

14 Georg Simmel sah diese Konkurrenz als erster. Vgl. Georg Simmel: Berliner Gewerbeausstellung 1896. In: Ders.: *Gesamtausgabe in 24 Bänden*, Bd. 17: Miszellen, Glossen, Stellungnahmen, Umfrageantworten, Leserbriefe, Diskussionsbeiträge: 1889–1918, hrsg. v. Klaus Christian Köhnke / Otthein Rammstedt. Frankfurt am Main: Suhrkamp 2004, S. 33–36.

Abb. 1a: Straußenhaus, Zoologischer Garten Berlin, 1901.

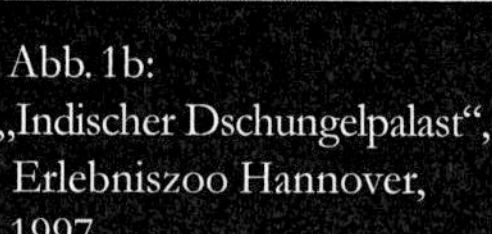

Abb. 1b:
„Indischer Dschungelpalast“,
Erlebniszoo Hannover,
1997.

Abb. 2: Klettergerüst für Gibbons, Apeldoorn (Nl), 1960.

Abb. 3a: Pinguin-Anlage, Regent's Park Zoo, London, 1934.

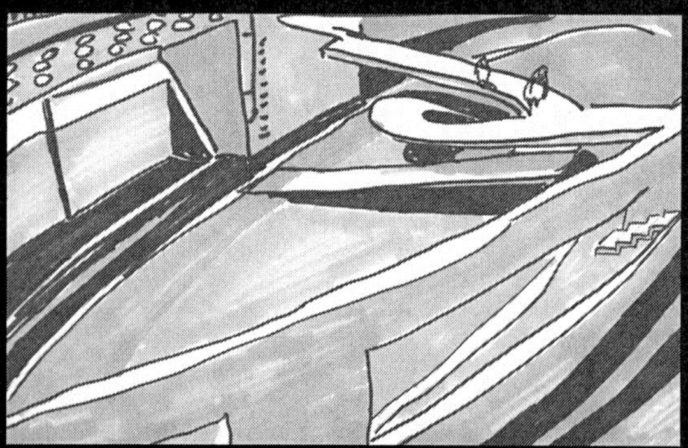

Abb. 3b: Friedrich Kiesler:
Raumbühne, 1924.

Abb. 4: Dickhäuterhaus, London Zoo, 1962–65.

Abb. 5b: Bärengehege, Allwetterzoo Münster, 1974.

Abb. 5a:
René Allio: Konzept eines flexiblen Theaters (Nutzungsvariante), 1955.

Abb. 6:
Carsten Höller / Rosemarie Trockel: Ein Haus für Schweine und Menschen. Kassel, Documenta 10, 1997.

Pasticcio in Ruinenfaszination[15]. Ein Schlaglicht auf den hier praktizierten (respektive kokett zitierten) Kulturchauvinismus wirft die sarkastische Nachfrage eines indischen Moslems beim Direktor des Zürcher Zoos, Heini Hediger, was wohl Christen sagen würden, wenn sie in einem Zoo des Orients Schweizer Berggemsen in einer Kirche ausgestellt sähen.[16] Ebenso gut könnte man freilich an die Handhabung beim Bühnenbild, genauer an jenen Synkretismus der Prospektmalerei erinnern, der lange vor den einfältigen Häufungen charakteristischer Staffage im Exotismus der 1870er Jahre, ja prinzipiell bereits seit Schinkel (1815), die Ausstattungskunst gekennzeichnet hatte. Der Historismus auf der Bühne entführte die Zuschauer in ferne Länder. Eskapismus und visuelle Eindringlichkeit gingen Hand in Hand. Man suchte eine Stimmung, eine Anmutung des fremden Ortes, die von der Handlung nicht ablenken würde.

Aber was war die ‚Handlung' im *Zoo*? Diese Überlegung muss zur Jahrhundertwende Carl Hagenbeck bewegt haben, von dessen Neuerungen ja bereits die Rede war. Das von ihm in Stellingen Probierte und später weltweit Nachgeahmte wäre allzu euphemistisch beschrieben als primäre Nachstellung des Habitats, also der jeweils arttypischen Umgebung eines Tieres. Entscheidender war die pittoreske und Tiefe schaffende Folge versatzstückartig zusammengesetzter Felsattrappen, arrangiert für die aus bestimmter Warte blickenden Besucher. Nicht nur verlagerten bühnenbildnerisch wirkende Formen sich also vom äußeren Dekor ins Innere der Bauten und ins Gelände. Hagenbecks durchaus programmatisch sogenanntes „Paradies" bot dem Blick – und eben nur dem Blick – auch eine gedrängte Abfolge von friedlichen Entlein im Vordergrund bis hin zu gefährlicheren Tieren in der Ferne, wo auf vermeintlich „schwindelnden Höhen Steinböcke und Wildschafe mit bewunderungswürdiger Sicherheit Kletterkünste ausführen".[17] Die charakteristischen Elemente solcher Landschaften, meist requisitär standardisierte Prototypen wie der sogenannte Bären- oder Affenfelsen, mussten in der Nachbildung eng, also fak-

15 Vgl. Richard David Precht: Der Elefant im Palastgarten. Hannover zeigt ein neues Bild vom Zoo: Tierpark mit ‚Stimmung'. In: *Die Zeit*, 15.08.1997, S. 56.

16 Sinngem. bei Bob Mullan / Garry Marvin: *Zoo Culture*. London: Weidenfeld & Nicolson 1987, S. 46.

17 Vgl. *Führer durch Carl Hagenbecks Tierpark in Stellingen*. 4. Aufl. Hamburg: Carly 1909, S. 10.

tisch reliefräumlich und darin einschlägig bühnenhaft zusammenrücken. Da die Tiere stets sichtbar bleiben sollten, war das Gelände oft ansteigend, was wiederum erinnert an den sogenannten Bühnenfall auf dem neuzeitlichen Theater.

Wie sieht es aus beim *modernen und jüngeren* Zoo? Was er vom prangerhaft Schaustellerischen alter Schule hinter sich lässt, macht er wett durch den Schauwert arrangierter Spielmöglichkeiten sowie spektakulärer Substitute für Beutehatz. Wie David Hancocks Anfang der 1970er Jahre festhält, wird ein nunmehr sensibilisiertes Publikum nicht länger fragen: „what animal is that?“, sondern: „what does that animal do?“.[18] Aus dieser Zeit (in der ja auch *Performance Art* sich etabliert!) stammt das Konzept, Zootiere nicht länger geographisch oder nach Arten, sondern nach ihrem charakteristischen Verhalten einzuteilen.

Auch die *räumliche* Inszenierung des modernen Zoos zeigt Affinitäten zur Bühne, und zwar nicht nur *trotz*, sondern paradoxerweise auch *aufgrund* der zumeist angestrebten Nüchternheit und programmatisch antitheatralen Funktionalität der Bauten und Anlagen.

So trägt das um 1960 fertiggestellte Klettergerüst für Gibbons im holländischen Apeldoorn (Abb. 2) zwar etliche Zeichen der Theaterindifferenz, bleibt aber dennoch Schaugerüst: Der Vergleich drängt sich auf mit jenen poveren, ostentativ nichts illusionierenden, nur variable Raumpositionen der Akteure ermöglichenden Bühnengestängen, die sich ab Ende der 1950er Jahre großer Beliebtheit auf den Theatern erfreuten, etwa in Peter Brooks Inszenierung des *Sturm* (London 1957), im selben Jahr bei Paul Walters Bühnenbild für Piscators Inszenierung der *Räuber*, oder noch 1965 in der Rostocker Aufführung der *Ermittlung* von Peter Weiß.

Noch ganz unverblümt erscheint der Bühnenbezug der 1934 von Berthold Lubetkin für den Regent's Park Zoo in London erbauten Pinguin-Anlage (Abb. 3a) in amphitheatraler Grundform.[19] Die elliptische, teils als Brüstung, teils als Wand ausgebildete Mauerschale birgt die zwei umeinander kreisenden, aber frei und separat geführten Rampen – auf denen zur Freude der Besucher die Pinguine wie

18 David Hancocks: *Animals and Architecture*. London: Praeger 1971, S. 183.

19 Vgl. Hubertus Adam: Der Zoo als konstruktivistische Bühne. In: *NZZ-FOLIO*, Januar 1998, S. 54–55.

Showmaster herauf und hinunter oder gar aneinander vorbei watscheln. Eine Nähe zu Friedrich Kieslers Raumbühnenentwürfen der 1920er Jahre (Abb. 3b) (die Lubetkin wohl kannte) ist nicht von der Hand zu weisen. Ringsum gut einsehbar, entsprachen sie seiner Aversion gegen den „individualistischen Schauspieler“[20] – mit Pinguinen hätte Kiesler daher kaum Probleme gehabt!

Insofern nun modernistische Architektur sich, was das von ihr Verkörperte betrifft, gern in der Verrechnung konkreter Einzelfälle zum ‚Inbegrifflichen‘ gefällt, zeigt sie auch per se schon eine selten bemerkte Affinität zum Bühnenbildlichen, die es hervorzuheben gilt: Im Unterschied zur fließenden Kulisse des Films muss auf dem Theater nämlich *ein* Entwurf mehreren Szenen dienen, gleichsam die atmosphärische ‚Quersumme‘ aus Handlungen oder Charakteren ziehend. Und just in diesem Sinne changiert denn auch das Londoner Dickhäuterhaus[21] (Abb. 4) zwischen der (ohnehin schon bühnenhaft reduzierten) Andeutung einer archaischen Trutzburg auf freiem Plan, umgrenzt vom Graben, und dem ‚Dickhäuterhaften‘ zunächst der voluminösen Baukörper, ihrer beim Umgehen schwerfällig (alias elefantesk) sich wandelnden Silhouette, sodann des gerieft grauen Betons, an die Haut von Elefanten oder Nashörnern erinnernd.

Auch der spätmoderne Hang zur architektonischen Fassung noch des Vielgestaltigsten in den Schematismus strikt anverähnlichter Formen, so als wären sie sämtlich von einer Art, ruft ein Tertium von Bühne und Architektur auf den Plan. René Allios „Konzept eines flexiblen Theaters“[22] (Abb. 5a) etwa, in seinem für die 1950er Jahre typischen Kompromiss aus konventioneller Trennung von Publikums- und Bühnenbereich sowie verhaltenem Rückbezug auf die kühneren Utopien der Vorkriegszeit, zielt mehr programmatisch als pragmatisch auf die Variierbarkeit zwischen Spiellandschaft, Raumbühne und Arena – deren bausprachliche Egalisierung im modular Sechseckigen das ‚tua res agitur‘ in jeden 120°-Winkel tragen will! Vergleichbares dann bei den im Wabenmodul generierten, nur in sektorieller Kombination, Terrassenverlauf und Dimensionierung der Unterstände

20 Silke Koneffke: *Theater-Raum: Visionen und Projekte von Theaterleuten und Architekten zum anderen Aufführungsort; 1900–1980.* Berlin: Reimer 1999, S. 152.

21 Peter Guillery: *The Buildings of London Zoo.* London: Royal Commission on Historical Monuments 1993, S. 43.

22 Vgl. Koneffke: *Theater-Raum*, S. 282–283.

variierenden Gehegestrukturen des Anfang der 1970er Jahre ausgebauten Allwetterzoos Münster[23] (Abb. 5b). Die in Schalbeton gegossenen Wandversatzstücke und Natur trostlos geometrisierenden Vorsprünge und Kubaturen der Gehege, deren Ästhetik notorisch auch zu der des ganzen Zoos und mithin auch der Besucherbereiche wird, wollen aus jedem Tier nicht nur einen Stellvertreter seiner Art machen, sondern muten Tieren *und* Menschen zu, als Schauende und Beschaute in *einem* System zu komplottieren.
Im ausgekachelten Badezimmerfunktionalismus etlicher Zoos seither setzt sich das Bühnenhafte nolens volens fort: in unvermeidbarer Schauseitigkeit, in der Rück- und Seitenwandgebundenheit von Ruheflächen, in halbrund dem Einblick des Betrachters korrespondierendem Gestänge oder in requisitenhaft platzierten Kletterringen.

### 3.

Der Zoo zeigt Tiere, aber er *zeigt nicht sein Zeigen* – es von ihm zu verlangen, würde seine Reformierbarkeit und Selbstreflexivität wohl überfordern.
Ganz anders die von Rosemarie Trockel und Carsten Höller gemeinsam für die documenta 10 (1997) konzipierte Arbeit *Ein Haus für Schweine und Menschen* (Abb. 6), die auch ein Werk *über* Zoos und die zugleich *im Medium* ‚Zoo' realisiert war: einschlägig lokalisiert in einem Heckenareal der Kasseler Orangerie, mit tierschützerisch optimierten Futter-, Tränke- und Ferkelboxen, betrachtbar durch Spionglas, so dass die Schweine von der Bentheimer Landrasse sich unbeobachtet wähnten, arrondiert noch um ein rückseitig offenes, gartenähnliches Gehege, nur per Zaun von den Besuchern getrennt. Doch bereits die nüchterne Form des vorderseits betretbaren Betonquaders im neominimalistischen Containerstil dieser Jahre signalisierte eine Laborsituation: Während das vergleichsweise stark spiegelnde Glas seinen ‚Gegenstand' wie eine wertige Fotoarbeit im Museum, also bildlich rahmte bzw. schützte, fand sich das Publikum darin doch auch wiederum reflektiert und auf seinen Voyeurismus *sehend nicht Gesehener*

23 Ausführlichere Vergleiche dieses Zoos zum Theater bei Christian Janecke: Shaped Canvas und Shaped Performance. Zur Tragweite der Form in der Kunst und über sie hinaus. In: Hans Zitko (Hrsg.): *Theorien ästhetischer Praxis. Wissensformen in Kunst und Design.* Köln / Weimar / Wien: Böhlau 2014, S. 197–224, hier S. 209–211.

verwiesen,[24] zumal es ja direkt in die „Hinterbühnen"[25], also die Refugien der Tiere blickte. Die Folge aus Vorplatz, seitlich innerem (an Parodoi des antiken griechischen Theaters erinnerndem) Zugang zur parkettartig aufsteigenden Rampe nebst Sitzmatten war dann strukturell theaterarchitektonischer, als man es vom eigentlichen Zoo kennt – obschon es, im Gegensatz etwa zum Zürcher Affenhaus, wo die Besucher von ansteigenden Rängen aus, und ebenfalls durch dickes Glas hindurch, am bunten Treiben der Primaten sich ergötzen können, in Kassel gar kein Spektakel gab. Die Besucher blickten also, ein wenig didaktisch à la Dan Graham, durch das Glas und über die Schweine hinweg wieder auf weitere Besucher am Gartenabschluss des Geheges – wohl um aus dieser störenden Theatralisierung des seinerseits illegitim die Tiere theatralisierenden Vorgehens Läuterung zu empfangen.
Solches *Beschauen der Beschauer* – und damit auch *des Beschauens* – ist freilich Sache des Zoos nicht. Es wäre das Misslingen seiner Idee.

Es bleibt die hier nicht zu beantwortende *moralische* Frage, ob schaustellerische Darbietungsweisen von Lebewesen, die ungefragt in entsprechende Displays gesteckt werden, gerechtfertigt sind – gegenüber den Tieren, gegenüber uns.
Und es bleibt die Frage, was unter *ästhetischen* Gesichtspunkten das Fazit aus dem hier unternommenen Nachvollzug aufführender und vor allem bühnenbildnerischer Kniffe des Zoos wäre. Aus Sicht des Gegenwartstheaters sind diese Mittel fürwahr kompromittierte, indem sie auf Illusionismus zielen, ohne ihn zu thematisieren, indem sie authentizistisch Schaumöglichkeiten offerieren, statt sie zu markieren oder zu dekonstruieren. Doch sollte man zugeben, dass derart gröbere, unsublimiertere theatrale Mittel auch andernorts überdauerten: vom Märchenwald bis zum Film, von Disneyland bis zu den Dekorationen des Minigolf-Platzes. Wer das alles samt Zoo in einen kulturindustriellen Sack stecken will, sollte sich über das dabei

24 Vgl. hierzu die nahezu widersprüchlichen Bewertungen dieser gläsernen Grenze durch Richard Shusterman (S. 37–42) und Wilfried Dickhoff (S. 43–52) in der offiziellen Begleitmonographie: Carsten Höller / Rosemarie Trockel: *Ein Haus für Schweine und Menschen.* Köln: König 1997.

25 Vgl. diesen theatermetaphorischen Begriff bei Erving Goffmann: *Wir alle spielen Theater. Die Selbstdarstellung im Alltag.* München: Piper 1969, S. 99–129.

mitspielende *antitheatrale* Moment im Klaren sein, das ja teils *ultima ratio* heutigen Theaters selbst wurde. Es bliebe nämlich zu billig, da historisch kontingent, nur gut rousseauisch oder auch kulturprotestantisch aversiv auf die deftigen Illusionismen und Schaustellungen des Zoos herabzublicken. Man beraubte sich damit zumal der Möglichkeit, das zivilisierend Konsequenzverminderte[26] solcher Mittel zu würdigen. Das unfreiwillig, naiv oder raffiniert In-Szene-Gesetzte impliziert nämlich immer auch irreduzible Distanz zu den Tieren, es bleibt Antidot zum ‚Naturporno' jener fraternisierenden Immersion etwa der Bewegtbildmedien, deren viel elaboriertere, eben nicht *theatrale* Illusion die technisch fortgeschrittensten Zoos heute meinen effektreich überbieten zu müssen.

26 Ein theaterterminologischer Ausdruck von Andreas Kotte: Die Welt ist kein Theater: Zur Spezifik des Festes und des theatralen Handelns. In: *Weimarer Beiträge: Zeitschrift für Literaturwissenschaft, Ästhetik und Kulturtheorie* 34,5 (1988), S. 781–795.

Filip Van Dingenen

*Snowflake (Flota Nfumu)*
(2008)

Das Projekt *Flota Nfumu* (Weiße Flotte) betrachtet die kulturelle Erinnerung, die Geschichte und den Mythos des unter dem Namen Snowflake populären Albino-Gorillas, der auch als Copito de Nieve im Spanischen, als Floquet de Neu im Katalanischen und als Nfumu in Fang (seinem afrikanischen Ursprung) bekannt war. Nach seiner Ankunft im Zoo von Barcelona, wo er ein absoluter Publikumsliebling war und von 1966 bis zu seinem Tod 2003 lebte, wurde Nfumu in Snowflake umbenannt. Während Snowflakes letzten Lebensmonaten veröffentlichte der Zoo von Barcelona eine Kampagne / Hommage, die über sämtliche Medien überall in Spanien präsentiert wurde. Ein Teil dieser Hommage war, dass Kinder eine Freikarte für den Zoo von Barcelona im Tausch gegen eine Snowflake gewidmete Zeichnung erhalten konnten. Diese ursprünglich 4.358 Kinderbilder überleben nun nur noch auf einer Archiv-DVD mit dem Titel *Els nens dibuixen en Floquet* (Kinderzeichnungen von Snowflake), hergestellt durch den Zoo von Barcelona. Filip Van Dingenens Installation *Flota Nfumu* ist eine neu-dokumentierende und nachgedruckte Sammlung dieser Kinderzeichnungen, die für die Massenhommage an den Kult um den berühmten Albino-Tieflandgorilla stehen.
Im Sommer 2008 richtete Van Dingenen ein Zeichenprojekt mit Kindern in Bata, Äquatorialguinea, ein, während er Jordi Sabater Pis Forschungsgebiet zurückverfolgte. Der emeritierte Professor Sabater Pi (geb. 1922) arbeitete von 1940 bis 1969 als Ethologe und Anthropologe in Äquatorialguinea. Außer für seine breitgefächerten Forschungen und vielen Errungenschaften ist er auch als derjenige bekannt, der Snowflake in den Zoo von Barcelona brachte. Die Sabater Pi Sammlung an der Universität Barcelona beherbergt Bücher, Zeitschriften, Zeichnungen und Aquarelle von Flora und Fauna – insbesondere außergewöhnliches Material zu Primaten und vor allem umfangreiche Untersuchungen zu Snowflake.
Im größeren Rahmen behandelt Van Dingenens Projekt Naturschutz, Mensch-Tier-Beziehungen und den Starkult um Tiere, der durch Medien und Tourismus während der letzten 40 Jahre in Spanien erzeugt wurde, und somit auch Snowflakes Herkunftsort Äquatorialguinea.
Der Künstler geht ganz nahe an den Kult um den Albino-Gorilla heran, dessen Mimik und Gestik so menschenähnlich sind, dass sie verstörend werden. Basierend auf dem Archiv der Kinderzeichnungen rekapituliert er Copito de Nieves bemerkenswerte Biographie. Seine extrem seltenen genetischen Besonderheiten generierten eine Auktion von wissenschaftlichen, ökonomischen, kolonialen und exotischen Klagen: ein unglückliches Gewirr, das vollständig in die falsche Realität eines Zoos eingebettet zu sein scheint.

ATLAS MAP SUPPLEMENT: EASTERN SOVIET UNION (page 346)

VOL. 131, NO. 3 MARCH, 1967

# NATIONAL GEOGRAPHIC



THE JOURNAL OF THE NATIONAL GEOGRAPHIC SOCIETY WASHINGTON, D. C.

COPITO
DE
NIEVE
Floquet de neu

T'ESTIMO MOLT
ZOO DE BARCELONA
FLOQUET
FLOQUET DE NEU
5 ANYS
FLOQUET DE NEU
Ivan Porcar Tauste
FLOQUET DE NEU
9 anys
FLOQUET DE NE

FLOQUET DE NEU
"FLOQUET"
DE NIEV

FLOQUET DE NEU
GRACIAS COPITO

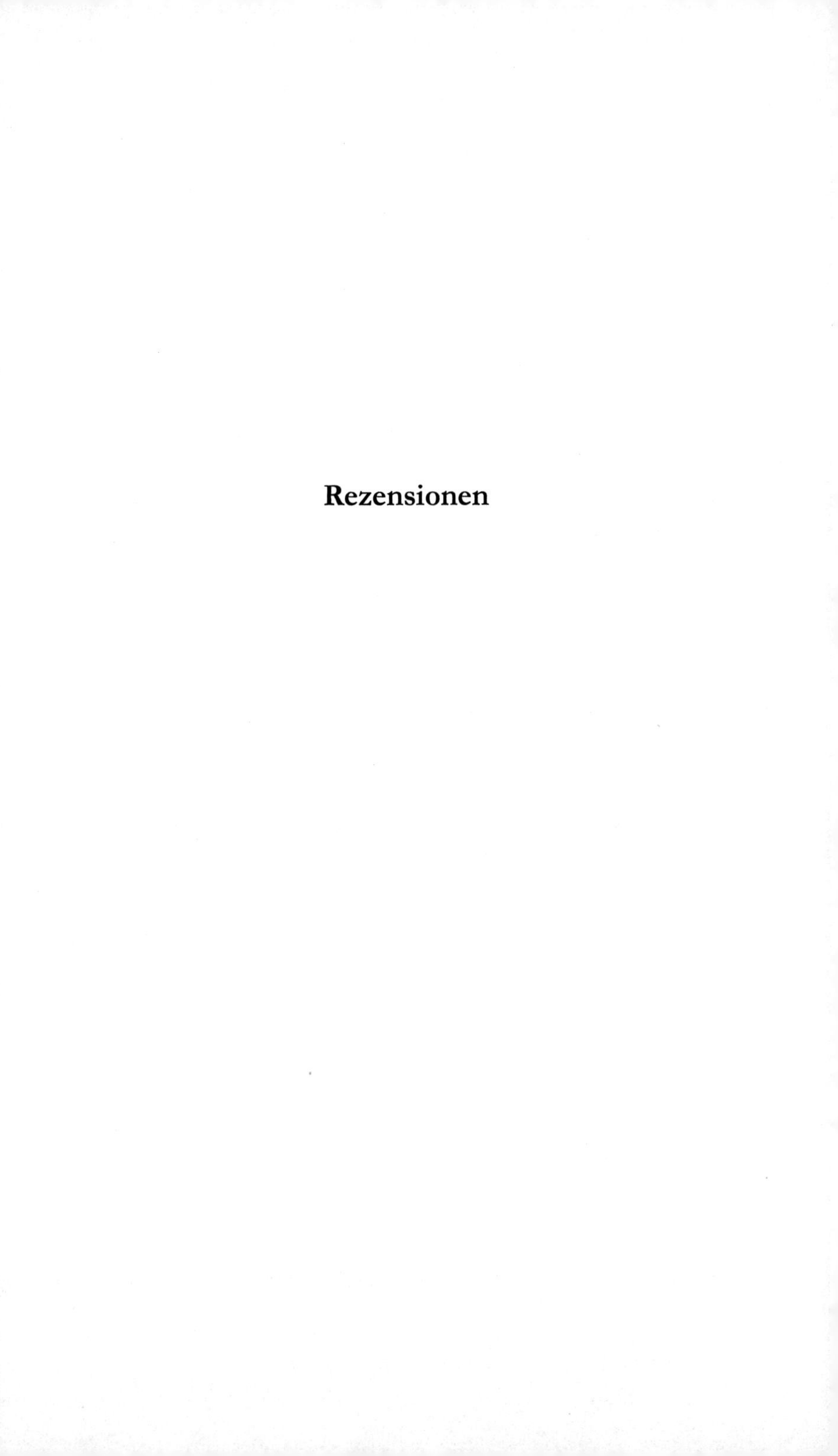

# Rezensionen

## Taxidermie – Die Kunst ein Spektakel zu Konstruieren

Rachel Poliquin: *The Breathless Zoo. Taxidermy and the Cultures of Longing.*
Rezensiert von Stefanie Meier

Rachel Poliquin zeigt in ihrem Buch ihre Leidenschaft und Faszination für die Taxidermie. Ihrer Tätigkeit als Kuratorin geschuldet, beginnt sie mit einer Ausstellungsbeschreibung und bietet somit für die Leser_innen einen anschaulichen Einstieg in das Thema der Taxidermie. Als einleitendes Beispiel wählt sie präparierte Eisbären, die sie als zeitgenössische Kunst, wissenschaftliche Objekte, Naturwunder und Symbole für Umweltprobleme vorstellt.

Ihr Buch ist in sieben Hauptkapitel gegliedert, die jeweils einen anderen Blickwinkel auf die Taxidermie bieten: von Wunder und Schönheit über Spektakel bis hin zu Ordnung und Erzählung, Allegorien und letztlich Erinnerung. In jedem der Kapitel wird dem/der Leser_in an einem Beispiel der jeweilige thematische Bezug anschaulich dargestellt, was die Möglichkeit bietet, eigene Sichtweisen und Standpunkte zu entwickeln. Dabei wollen alle Kapitel ergründen, was das Wesen der Taxidermie ausmacht. Dafür werden zwei fundamentale Fragen diskutiert: Wieso möchte jemand ein Tier präparieren und was wird dann aus diesem „animal thing"? Es wird geprüft, ob die Tierpräparate für die menschliche Sehnsucht nach den Tieren und der Natur stehen. Einfache Antworten existieren jedoch nicht. Denn die Gründe für die Präparation von Tieren sind so vielfältig wie die Fauna selbst.

Tote Tiere anzuschauen ruft Emotionen hervor. Die einzelnen Kapitel erörtern dieses Empfinden aus ästhetischer, kultureller und ethischer Perspektive. Rachel Poliquin führt den/die Leser_in dabei von den Wunderkammern über die Entwicklung und Geschichte der Taxidermie und der verschiedenen Präparationstechniken sowie der Dioramen und der anthropomorphen Taxidermie bis hin zu Jagdtrophäen und der Haustierpräparation. Es werden sowohl historische Entwicklungen und Neuerungen miteinbezogen, als auch die Rolle der Museen, der Sammler und Liebhaber.

Wenngleich Exkurse in verschiedene Epochen und Kulturen erfolgen, so liegt das Hauptaugenmerk der Autorin auf dem 19. Jahrhundert und England. Dies ist zum einen durch ihr eigenes Interesse begründet und zum anderen durch die Tatsache, dass die Taxidermie ihren Höhepunkt im viktorianischen Zeitalter erlebte.

Die Antwort auf die Frage, ob Taxidermie Kunst, Natur oder etwas dazwischen ist, wird auf verschiedene Weise erörtert. Es wird jedoch deutlich, dass es aufgrund der emotionalen und kulturellen Vielschichtigkeit die eine gültige Antwort nicht geben kann. Dennoch gelangt Poliquin unter anderem zu der Feststellung, dass die Taxidermie heute nicht mehr die gleiche

Bedeutung und Stellung hat wie im 19. Jahrhundert. Das bestehende negative Image der Taxidermie begründet sie damit, dass die Taxidermie zumeist mit Jagdtrophäen in Verbindung gebracht wird. Sie hält fest, dass der isolierte Kopf eines erjagten Tieres den stattgefundenen Tod geradezu betont und damit eines der Ziele der Taxidermie, nämlich das tote Tier visuell zu reanimieren, verloren geht. Eine weitere Schlussfolgerung ist, dass jegliche Taxidermie durch die Dualität von Präsenz und Abwesenheit charakterisiert ist. Letztlich liefert die Taxidermie eine Vorstellung von der ungefähren Größe, Proportion und dem Erscheinungsbild einer Spezies. Abschließend fordert Poliquins Buch dazu auf, taxidermischen Präparaten mehr Wertschätzung entgegenzubringen. Denn diese sind alle zugleich Objekte einer kreatürlichen Existenz, einer bestimmten Spezies und Zeugnisse eines gelebten (Tier-)Lebens. Es handelt sich nicht nur um kulturelle Objekte, sondern um unfassbare *animal things*, welche zum einen das Verlangen aufzeigen, das Tierleben über den Tod hinaus zu erhalten und zum anderen mit dem Bedürfnis verbunden sind, das lebende Tier wieder zu sehen.

Rachel Poliquin: *The Breathless Zoo. Taxidermy and the Cultures of Longing.*
Pennsylvania State University Press. University Park, PA, August 2012,
272 S.
Paperback 29,95 $ (ISBN: 978-0-271-05373-8).

## Schwarz-rote Ausbeutungsverhältnisse

Chris Moser / Tobias Hainer: *Galerie des Entsetzens – Die ungeschminkte Wahrheit über Mensch-Tier-Verhältnisse.*
Rezensiert von Daniel Lau

Die Tierrechtsbewegung nutzt seit ihren Anfängen visuelle Medien und Lyrik, um die Ohnmacht des Menschen angesichts der von ihm geschaffenen Ausbeutungsverhältnisse gegenüber nichtmenschlichen Tieren zum Ausdruck zu bringen. Diese Kunst ist emotional aufgeladen und politisch, sie deckt die Gewalt und die Unterdrückung auf, die von ihren Verursacher_innen vor den Blicken der anderen Menschen verborgen werden: die Brutalität der Tötungsmaschine Schlachthaus oder die Schrecken, die hinter den verschlossenen Türen der Versuchslabore lauern. *Galerie des Entsetzens* versteht sich als ein ebenso künstlerisches wie politisches Buch.
Andre Gamerschlag trifft den Kern der Sache im Vorwort: „Die Darstellungen in Wort und Bild sind daher geprägt von tödlicher Gewalt, Ausbeutung und Herrschaft. Gleichzeitig ist er [der Band, D.L.] auch Ausdruck

der Auffassung, dass wir Tieren Rechte zugestehen und sie gesellschaftlich befreien müssen“ (S. 8). Dem Vorwort folgen 20 Doppelseiten, die den Vorhof der menschengeschaffenen Tierhölle fassbar machen wollen. Auf der linken Seite sind jeweils die in Abstufungen von Grau und Rot gehaltenen Zeichnungen Chris Mosers zu sehen, denen die Texte Tobias Hainers auf den rechten Seiten gegenüberstehen. Eine Kurzbiographie beider Künstler schließt den Band ab.

Chris Mosers Bilder visualisieren die blutige mörderische Realität vieler Ausbeutungsverhältnisse, in denen nichtmenschliche Tiere unter die Herrschaft des Menschen gezwängt werden. Episodenhafte Szenen aus Tierversuchen, Massentierhaltung und Schlachthäusern wechseln einander ab. Bekannte Fotografien bezeugter Gewalt dienten als Vorlage für Mosers Interpretation. Gezeigt werden tote, gequälte, gefolterte und aufgeschlitzte Tiere sowie die Schauplätze dieser Verbrechen. Die Täter_innen werden jedoch nicht gezeigt. Das ist auch nicht notwendig, denn als Betrachter_in der Zeichnungen erblickt man stellvertretend durch die Augen dieser Täter_innen all das, was verborgen bleiben soll. Die noch lebenden, aber sterbenden oder gefolterten Tiere, blicken die Betrachter_innen direkt an und ziehen sie damit mitten Hinein in das Geschehen. Chris Moser schafft es, durch seine starke Linienführung und den Einsatz der Farbe Rot in Farbflächen und Sprenkeln statische Bilder mit unheimlicher Lebendigkeit zu füllen.

Die Texte von Tobias Hainer lesen sich wie Szenen aus Albträumen. Worte und Teilsätze folgen aufeinander, wie aus weiter Ferne an das Ohr herangetragen und erzeugen einen Sog, dem sich die Leserschaft nicht entziehen kann. Naturräume werden angedeutet, die jedoch voller Finsternis sind und den noch weitaus schlimmeren sterilen Umgebungen der Versuchslabore und Schlachthäuser gegenübergestellt werden. In Hainers Texten dominieren, entsprechend den Zeichnungen Mosers, die Farben rot und grau, schwarz und weiß, sie symbolisieren die Allgegenwärtigkeit von Tod, Verzweiflung, Angst und Ohnmacht.

Die zu einer Symbiose verschmolzenen Arbeiten von Moser und Hainer gewähren einen ganz persönlichen und berührenden Einblick in den alltäglichen Abgrund, den unsere sogenannte Zivilisation in millionenfachem Leid anderen Tieren als dem Menschen antut. Die Texte und Zeichnungen sind von einer Kraft erfüllt, die bei längerer Auseinandersetzung die Imagination anregen und mit der Frage nach der eigenen Verantwortung gegenüber dieser menschengemachten Gewalt an Nichtmenschen konfrontieren.

Band 2 aus der Schriftenreihe des Tierrechtsvereins die tierbefreier versteht sich als Solidaritätsprojekt der Tierrechts- und Tierbefreiungsbewegung. Sämtliche durch den Verkauf erzielten Einnahmen kommen dem Tierrechtsaktivismus und Tierrechtsprojekten zugute.

Chris Moser / Tobias Hainer: *Galerie des Entsetzens – Die ungeschminkte Wahrheit über Mensch-Tier-Verhältnisse.*
SeitenHieb. Reiskirchen, Mai 2014, 52 S., zahlr. Abb.
Paperback 9,90 € (ISBN 978-3-86747-066-7).

## Zeitraub, Gewalt, Entzug von Lebensprämien

Ein Themenschwerpunkt über das Töten in der Zeitschrift *TIERethik*
Rezensiert von Hanna Engelmeier

Die Zeitschrift *TIERethik* wird von einem Verbund verschiedener Institutionen in der Schweiz, den USA, der BRD und den Niederlanden herausgegeben, die sich in ihrer Forschung Alternativen zu Tierversuchen widmen. In ihrer ersten Nummer des Jahres 2014 widmen sie sich einer Frage, die dieses Thema auf seiner höchsten Eskalationsstufe berührt: der Tötung von Tieren. Dabei ist nicht nur die Tötung während oder nach Tierversuchen gemeint, wie sie beispielsweise Astrid Schmidt und André Schmidt in ihrem Artikel „Über die Notwendigkeit eines tierverbrauchsfreien Studiums" anschneiden (wenn auch dieser Text einen weiteren Fokus hat: Es geht auch darum, wie man den „Verbrauch" von bereits getöteten Tieren in der Forschung vermeiden könnte). Das Thema wird im Heft viel mehr als philosophische Grundsatzfrage behandelt, und zwar durchgängig so, dass nach Argumenten gesucht wird, die dafür sprechen, das Töten von Tieren als moralisch falsch zu erachten – welche Präskripte daraus folgen (juridisch, sozial etc.) steht dabei nicht im Vordergrund.
Besonders reichhaltige und sicherlich auch diskussionswürdige Beiträge, die Gründe gegen die Tötung von Tieren erörtern, stammen von Jean-Claude Wolf und Felicitas Selter. In einem recht knapp gehaltenen Gasteditorial skizziert Wolf das „Beraubungsargument", das davon ausgeht, dass „jedes empfindungsfähige Lebewesen […] natürlicher Eigentümer einer Lebensprämie" ist. Wenn man es tötet, beraubt man es seiner Lebensprämie. Tötung von Lebewesen ist für Wolf dementsprechend vor allem: „Diebstahl und Gewalt" (S. 12). Dass diese Prämie nicht allein im Empfinden von Lust oder Freude besteht, sondern vor allem in potentieller Lebensdauer und somit vor allem einen zeitlichen Aspekt hat, steht im Fokus von Felicitas Selters sehr sorgfältigem Beitrag, der sich den „Mentalen Zeitreisen" widmet. Diese unternehmen vor allem die Teilnehmenden all jener Debatten, die sich mit der Frage beschäftigen, ob aus der Tatsache, dass ein empfindungsfähiges Lebewesen zukunftsgerichtet agieren kann, folgt, dass man es nicht töten darf.

An beiden Aufsätzen, wie auch an den anderen Beiträgen im Heft, die u.a. einen Beitrag des Tierarztes Henrik Hofmann zur Euthanasie an Tieren sowie ein Interview mit dem Philosophen Gary Steiner und dem Tierforscher Lukas Niedrazik umfassen, fällt vor allem auf, dass sie gänzlich darauf verzichten, auch nur ansatzweise auf eine historische Epistemologie ihrer Begriffe oder Themen Bezug zu nehmen. Dies ist im akademisch-philosophischen Diskurs leider oft nicht unüblich und überrascht von daher hier nicht, es leidet auch nicht (immer) das reflexive Niveau der Beiträge unter dieser Leerstelle. Es scheint jedoch wünschenswert, die historische Epistemologie stärker in den Beiträgen zum Heft zu berücksichtigen oder mindestens darin implizit zu reflektieren; insbesondere, wenn dieses ebenso brisante wie rasante Thema in einer Zeitschrift auf den Titel gehoben wird, die sich selbst als „Forum für geisteswissenschaftliche Diskussionen über den Umgang mit Tieren“ (S.2) begreift. Nicht nur die Animal Studies, sondern auch verwandte Disziplinen hätten hier sicherlich Erhellendes beizutragen, angefangen bei der Forschung zu Praktiken der Züchtung, über Erzählungen vom Schlachten bis hin zu Postmortem-Fotografie von Tieren – hier wären noch viele Erweiterungen möglich, die einen größeren kulturellen Rahmen berücksichtigten. Es bleibt zu hoffen, dass mit steigendem Bekanntheitsgrad der Zeitschrift und größerem Rezipientenkreis Themen dieser Art ihren Weg in dieses verdienstvolle Heft finden können.

*TIERethik. Zeitschrift zur Mensch-Tier-Beziehung*, 8 (2014): Tiere töten, hrsg. v. der ALTEX Edition.
Monsenstein und Vannerdat. Münster, Mai 2014 138 S.
Paperback 19,50 € (ISBN 978-3-95645-215-4).

# Abbildungsverzeichnis

Colin Goldner: Nazi-Zoos
Abb. 1: Hitler mit dem Nürnberger OB Willy Liebel beim Privatrundgang durch den Tiergarten am 2. Mai 1939. Photo: Archiv GAP.

Anne Hölck: Lebende Bilder und täglich wilde Szenen
Abb. 1: Terrarium, Wilhelma Zoo Stuttgart, 2013.
Abb. 2: Flamingohaus, Zoo Berlin 2012.
Abb. 3: Elefantenhaus, Wilhelma Zoo Stuttgart 2012.
Abb. 4: Eisbärengehege, Tierpark Berlin 2013.
Abb. 5: Pelikane, Tierpark Berlin 2013.

www.enricduch.com

Christian Janecke: Tiere in Kulissen
Abb. 1a: Straußenhaus, Zoologischer Garten Berlin, 1901.
Abb. 1b: „Indischer Dschungelpalast", Erlebniszoo Hannover, 1997.
Abb. 2: Klettergerüst für Gibbons, Apeldoorn (Nl), 1960.
Abb. 3a: Pinguin-Anlage, Regent's Park Zoo, London, 1934.
Abb. 3b: Friedrich Kiesler: Raumbühne, 1924.
Abb. 4: Dickhäuterhaus, London Zoo, 1962-65 .
Abb. 5b: Bärengehege, Allwetterzoo Münster, 1974.
Abb. 5a: René Allio: Konzept eines flexiblen Theaters (Nutzungsvariante), 1955.
Abb. 6: Carsten Höller / Rosemarie Trockel: Ein Haus für Schweine und Menschen. Kassel, Documenta 10, 1997.


Filip Van Dingenen: Snowflake (Flota Nfumu)

## Call for Papers: Tiere und Unterhaltung

*Tierstudien* 09, Frühjahr 2016
Herausgegeben von Jessica Ullrich und Aline Steinbrecher

Die übernächste Ausgabe von *Tierstudien* ist dem Thema „Entertainment" gewidmet. Dabei geht es sowohl um die Unterhaltung *durch* sowie *von* Tieren. Tiere müssen seit der Antike für die Unterhaltung von Menschen sorgen – und sei es um den Preis ihres Lebens wie die Raubtiere bei Gladiatorenkämpfen im alten Rom oder wie Hunde und Hähne bei den in der Moderne beliebten meist illegalen Kämpfen in den Hinterhöfen.
Weiter diente und dient die Jagd nicht nur zur Nahrungsbeschaffung, sondern ebenso zur Zerstreuung.
Auch Haustiere sollen uns unterhalten: Das Kätzchen unter dem Weihnachtsbaum wird als Spielzeug verschenkt und der Singvogel verbringt sein Leben im Käfig, damit sich Menschen an seinem Gesang erfreuen können.
Tiershows, Fütterungseinlagen im Zoo oder Zirkusvorführungen sind Ausprägungen einer ähnlich instrumentalisierenden Haltung von Tieren. Eine neueste Ausprägung dieser Form von Unterhaltung durch Tiere sind die unzähligen Tierfilmchen, die User etwa auf Sozialen Netzwerken posten. Trotz verschärfter Gesetze zum Schutz von tierlichen Filmdarstellern, ist der Einsatz von Tieren in der Werbung oder in Fernsehserien nach wie vor populär. Gesetzt wird hierbei auf den hohen Aufmerksamkeitswert von Tieren, insbesondere von Vertretern der charismatischen Megafauna.
Längst hat sich auch ein Markt für die Unterhaltung *von* Tieren etabliert, allerdings ausschließlich für Tiere in menschlicher Obhut. Spielzeuge aller Art beleben den Alltag der Haustiere und Computerspiele sollen sogenannten Nutztieren Abwechslung verschaffen. Nachdem es in den USA bereits etabliert ist, startet demnächst auch in Deutschland ein Fernsehsender nur für Hunde. Gerade Zoos versuchen mit ausgefeilten Enrichment-Programmen, ihren Bewohnern Unterhaltung und kognitive Herausforderungen zu bieten, um deren in Gefangenschaft entwickelten Verhaltensstereotypen zu durchbrechen.
Zudem existieren private und institutionelle Praktiken der gegenseitigen Unterhaltung von Menschen und Tieren. Fragte sich bereits

Montaigne, ob nicht seine Katze eher mit ihm spiele als umgekehrt, opfern heutige Haustierhalter oft einen Großteil ihrer Zeit gemeinsamen Vergnügungen, insbesondere im Bereich des Hundesports.

Beiträge in *Tierstudien* könnten eines dieser Themenfelder näher beleuchten und beispielsweise Fragen stellen wie: Welche Funktion nehmen Tiere in der Unterhaltungsindustrie ein? Mit welchen Methoden lässt sich der Einsatz von Tieren als Unterhalter historisch, sozialwissenschaftlich oder psychologisch aufarbeiten? Lassen sich etwa Auftritte von Mensch-Tier-Gespannen mit praxeologischen Ansätzen oder der Performanztheorie deuten? Lassen sich Animal Celebrities in der Unterhaltungsbranche mit biographischen Ansätzen erfassen? Ist Unterhaltung, die Tiere ‚verbraucht', ethisch zu rechtfertigen? Sind Tiere in der Unterhaltungsbranche lediglich passiv, wie das Kaninchen, das der Zauberer aus dem Hut zaubert, oder entwickeln sie eigene performative Strategien der Handlungsmacht und des Widerstands? Haben Tiere Interesse an extra für sie maßgeschneiderten Unterhaltungsprogrammen und falls ja, wie müssten diese aussehen? Ist Wellness für Tiere dekadent oder notwendig? Haben die tierlichen Hofnarren der globalen Entertainmentindustrie vielleicht sogar subversives Potential?
Dies sind nur einige der denkbaren Gegenstände der übernächsten Ausgabe von *Tierstudien*, andere, hier nicht aufgeführte Untersuchungen zum Themenkomplex Tiere und Unterhaltung sind ebenso willkommen. Insbesondere suchen wir nach Beiträgen aus dem geisteswissenschaftlichen Bereich und kritischen Analysen von Literatur, Kunst, Film, Theater, Musik. Aber Texte zu relevanten Aspekten der Populärkultur oder soziologische, psychologische, rechtswissenschaftliche und ethologische Studien sind ebenfalls erwünscht.

Abstracts von nicht mehr als 2.000 Zeichen senden Sie bitte bis zum 1. August 2015 an jessica.ullrich@neofelis-verlag.de und aline.steinbrecher@uni-konstanz.de.
Die fertigen Texte dürfen eine Länge von bis zu 22.000 Zeichen haben (inklusive Leerzeichen und Fußnoten) und müssen bis zum 1. Dezember 2015 abgegeben werden. Danach gehen sie zur Peer Review an den wissenschaftlichen Beirat von *Tierstudien*. Erscheinungsdatum für die angenommenen Texte ist Anfang April 2016.

## Tierstudien

hrsg. von Jessica Ullrich

Bisher erschienen
01/2012 – *Animalität und Ästhetik*
02/2012 – *Tiere auf Reisen*
03/2013 – *Tierliebe* (hrsg. zus. mit Friedrich Weltzien)
04/2013 – *Metamorphosen* (hrsg. zus. mit Antonia Ulrich)
05/2014 – *Tiere und Tod* (hrsg. zus. mit Antonia Ulrich)
06/2014 – *Tiere und Raum*
07/2015 – *Zoo*

In Planung
08/2015 – *Wild*
09/2016 – *Tiere und Unterhaltung* (hrsg. zus. mit Aline Steinbrecher)